地域医療は再生するか

コロナ禍における提供体制改革

はじめに

新型コロナウイルスと医療提供体制

2020年前半から感染が拡大した新型コロナウイルスは日本国内だけでなく、全世界に様々な影響を与えた。それでも5月に一応の収束を見た「第一波」に関して、日本は他国と比べると、死者数を抑制できた。中でも、医療機関のキャパシティーを超える形で患者が医療機関に殺到したり、院内感染で医療機関の機能がストップしたりする「医療崩壊」を防げたのは幸運だった。医療崩壊が起きると、医師やベッドなどの余裕が失われるため、救急車で患者が医療機関に担ぎ込まれでも対応できなくなり、改善の見込みが少ない患者の治療を断念する選別（トリアージ）が起きる。この結果、普段であれば救えたはずの命が救えなくなり、多くの人が命を落とすことになる。米ニューヨーク市やイタリアで多くの人が命を失ったのは、医療崩壊が起きてしまったためであり、日本も3〜4月に医療崩壊の危機が懸念され、関係者は薄氷を踏む思いだったに違いない。最終的に、ホテルを軽症者向け病床に振り向けるなどして、医療崩壊をギリギリで回避できた。

しかし、日本の医療制度について、過去に少しでも話を見聞きした方は不思議に思われた

はじめに

図表1 人口1,000人当たりOECD加盟国の病床数

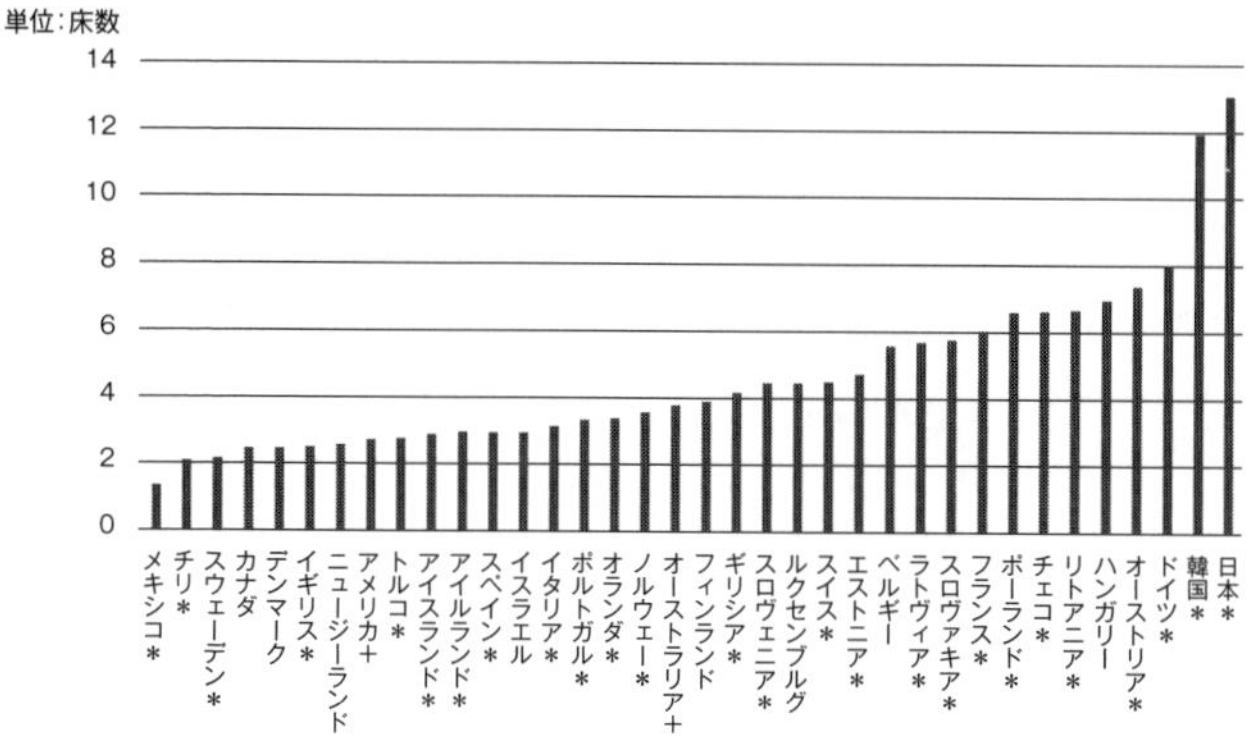

（出典）　OECD（2019）"OECD Health Statistics 2019"
（注）　国名の後ろの「＊」は2017年、「＋」は2016年、それ以外は2018年。

のではないだろうか。日本の医療制度改革論議では１９８０年代以降、病床数の過剰ぶりが論じられ、２０１７年度から本格スタートした「地域医療構想」に関しても、財政再建の立場から「過剰な病床を減らすべき」という議論が展開された。つまり、「過剰な病床」が議論されていたのに、「病床不足」が顕在化したのである。これは一体、どういうことだろうか。

　この不可解な状況を考える１つのヒントは２つの図表に求められる。**図表１**はＯＥＣＤ（経済協力開発機構）に加盟する先進国の人口１０００人当たりで見た病床数であり、世界的に突出している様子が分かる。これに対し、**図表２**は人口10万人当たりＩＣＵ（集中治療室）の数であり、他の先進国と比較すると、決して多いとは言えない。

　要するに、病床数は多いのに、重篤な患者を

図表2 ICUなどの病床に関する国際比較

国名	人口10万人当たり ICUなど病床数
アメリカ	34.7 床
ドイツ	29.2 床
日本	13.5 床
イタリア	12.5 床
フランス	11.6 床
スペイン	9.7 床
イギリス	6.6 床

（出典）　厚生労働省資料を基に作成
（注）　ICU 相当の病床数で比較。

受け入れるＩＣＵは少ない、言い換えると医療必要度の低い人を対象にした病床が多く、新型コロナウイルスのような医療ニーズの高い患者を受け入れる病床が少ないと言える。

確かに、新型コロナウイルスのような未知のウイルスに対応できる病床が少なかったのは止むを得ない面があるが、新型コロナウイルスへの対応では日本の医療提供体制のアンバランスさが露わになったと言える。

日本の医療機関は機能や役割が不明確

こうしたアンバランスを生み出す1つの要因として、日本の医療機関の機能や役割が不明確な点を指摘できる。例えば、高度な医療を提供する大学病院でさえ、通常の病気やケガに対応する外来を提供している点である。大学病院は多くの医師や看護師を有し、高額な医療機器も配備しているため、難しい手術など高度な医療を提供するのが本来の役割である。それにもかかわらず、

はじめに

大学病院の外来では手間暇やコストを要しない通常の風邪やケガにも対応しており、こうしたことは本来、非効率的である。

さらに、「急性期病床」を名乗っているのに救急患者を多く受け入れていない医療機関が存在する。つまり、急性期病床（患者7人に対して看護師1人を配置する「7：1基準」）の診療報酬単価が高いため、これを受け取るために「うちは急性期です」と国や都道府県に届け出ているのに、実際には救急患者を受け入れていない病院が存在する。業界の一部で「何ちゃって急性期」と揶揄される急性期病院である。

高齢者の長期療養を想定した慢性期病床、いわゆる「老人病院」の存在もアンバランスの1つと言える。日本が世界有数の病床大国となっている一因は、こうした高齢者向け病床の存在が挙げられる。しかも、高齢者向けの病床は長い間、その存在が問題視されて来た。日本は1973年に老人医療費を無料化し、高齢者を受け入れる「老人病院」が増えたほか、1980年代に病床数の上限規制を導入したことで、駆け込み的に病床を増やす動きが加速した。この結果、日本は世界一の「ベッド大国」となっただけでなく、高齢者医療費の増加を招いたり、医療的なニーズが少ないのに家庭の状況などで入院する「社会的入院」が増えたりした。

このため、政府としては、①療養病床という区分（当初の名称は療養型病床群）の創設、②在宅介護サービスを整備する介護保険制度の創設、③介護保険の適用を受ける療養病床の

図表3 地域医療構想の策定と進め方の主な流れ

地域医療構想の策定を行う体制の整備

↓

構想策定、実現に必要なデータの収集、分析、共有

↓

構想区域の設定（二次医療圏が原則）

↓

構想区域ごとに医療需要の推計（高度急性期、急性期、回復期、慢性期）

↓

医療需要に対する医療提供を踏まえた必要病床の推計

↓

必要病床数と病床機能報告制度による現状との比較

↓

地域医療構想調整会議を中心に2025年の
あるべき医療提供体制を実現するための施策を検討
関係者で合意形成

（出典）　厚生労働省資料を基に作成

廃止と新たな類型（介護医療院）への移行――といった改革を進めてきたが、今でも高齢者の長期療養を想定した慢性期病床は過剰病床の原因の1つとなっている。

地域医療構想の狙い

こうしたアンバランスな医療提供体制を改革するため、政府は「地域医療構想」という政策を進めている。人口のボリュームが大きい「団塊世代」が75歳以上となる2025年になると、医療・介護需要が爆発的に増えると見られており、2025年を見通した提供体制改革として、地域医療構想をスタートさせたのである。具体的な政策の進め方は**図表3**の通りである。まず、策定主体となる都道府県が2025年時点の病床数を予想。各医療機関が都道府県に報告する現状と比較することで、病床に関する将来の需給ギャップを

はじめに

明らかにした。さらに、原則として人口20～30万人単位で区切られる2次医療圏ごとに「構想区域」を設置するとともに、民間医療機関の経営者などを交えた「地域医療構想調整会議」（以降、調整会議）を組織させ、都道府県が音頭を取る形で、地域の関係者が提供体制の将来像を話し合うことが期待されている。日本は民間中心の提供体制であり、国や都道府県が病床削減を命令できないため、民間医療機関の自主性を尊重しつつ、関係者の合意形成が重視されている。

しかし、策定から3年の歳月を経ても、提供体制改革は進んでいないと判断されている。このため、「地域医療構想の推進→病床削減→医療費抑制」という経路を重視する政府の経済財政諮問会議や財務省は厚生労働省や都道府県に対し、議論の加速を促すようになった。地域医療構想を巡る主な経緯は**図表4**の通りであり、中でも注目されたのが「424リスト」問題である。これは2019年9月、厚生労働省が「再編・統合に向けた検討が必要な公立・公的医療機関」として、424病院を「指名手配」のように名指した一件（その後、リストは微修正）であり、地方側から猛反発を受けた。

そこで、総務省が間を取り持つような形で、厚生労働省と地方側が膝を突き合わす「地域医療構想に関する国と地方の協議の場」が2019年12月までに計3回開催され、国と地方の関係の「正常化」宣言が発せられ、地域医療構想の実現に向けた協議が再スタートするところだった。具体的には、「名指し」された公立・公的医療機関については、再編・統合に向

図表4 地域医療構想を巡る主な経緯

年月	地域医療構想に関する最近の主な出来事
2015年 3月	地域医療構想策定ガイドラインが公表→各都道府県で検討作業が本格化
2017年 3月	各都道府県の地域医療構想が出そろう
2017年 6月	骨太方針。個別の病院名や転換する病床数などの「具体的対応方針」の速やかな策定に向けて、2年間程度で集中的に検討する方針を規定
2017年 8月	公立・公的医療機関の見直しを優先させるよう求めた厚生労働省の通知
2018年 6月	骨太方針。公立・公的医療機関が民間で担えない分野に重点化しているか検証する必要性を強調。さらに、公立・公的医療機関ごとに改革プランを作成を促すとともに、公立・公的医療機関の役割を2019年3月までに決定するよう都道府県に要請
2018年 8月	公立・公的病院の見直しに向けて具体的な方法を定めた通知
2019年 3月~	厚生労働省の地域医療構想ワーキンググループで、急性期機能に着目した再検証のフレームワークを議論
2019年 7月	骨太方針。重点的な国の支援を規定。遅くとも 2020 年秋までに再編・統合に向けた結論を都道府県に要請
2019年 9月	「再編・統合に向けた議論が必要な公立・公的医療機関」として 424 病院を名指し(いわゆる 424 リスト)→都道府県知事や医療機関関係者、住民の反発
2019年 10月	地域医療確保に関する国と地方の協議の場の第 1 回会合→12月まで 3 回開催「424 リスト」に関して、厚生労働省が地方説明会を順次開催
2019年 12月	国と地方の協議の場で全国知事会が「正常化宣言」
2020年 1月	地域の実情を踏まえた再検討を都道府県に促す厚生労働省の通知。名指ししたリストの一部修正
2020年 1月	厚生労働省が「重点支援区域」の第 1 弾を公表
2020年 3月	再編・統合しない場合は結論を出す期限→新型コロナウイルスの影響で延期に
2020年 9月頃?	再編・統合に向けた結論を出す期限→新型コロナウイルスの影響で延期に

(出典) 内閣府、厚生労働省資料を基に作成

けた協議を再開し、2020年9月頃までに結論を出すことが意識されていた。つまり、都道府県や公立・公的医療機関関係者は一種の「踏み絵」を迫られていたことになり、地域医療構想の行方は医療界だけでなく、自治体関係者や地域住民の関心を惹く重要なテーマとなっていた。

しかし、今年に入って新型コロナウイルスの感染が拡大したことで、スケジュールは大幅変更を余儀なくされた。それだけでなく、地域医療構想の病床推計に際して、感染症対策は全く考慮されておらず、政策の中身まで影響を受けるのは避けられない情勢だ。

はじめに

地域医療構想が進まない理由は？

では、なぜ提供体制改革に関する議論が停滞していたのだろうか。実は、誰も悪いとは言い切れない。ここに興味深い調査がある。内閣府が２０１９年11月に公表した「医療のかかり方・女性の健康に関する世論調査」を見ると、「医療機関の統廃合に賛成」と答えた人は68・９％に及ぶ（回答者総数は２８０３人。「賛成」「どちらかといえば賛成」の合計）。

ところが、反対と答えた７９０人（「どちらかといえば反対」「反対」の合計）に理由を聞くと、「医療機関が減るので、医療機関を選択しにくくなる」「医療機関までの所要時間が長くなる」と答えた人が32・７％、34・２％に及んでいる。つまり、病床削減に「賛成」と言っている人でも、いざ具体論が始まった瞬間、「アクセスできる医療機関が減る」とか、「診察までの時間が長くなる」といった理由で反対に回る可能性があることを示唆している。

これを具体的にイメージしてみよう。例えば、「人口当たりで見た日本の病床数は断トツで世界一」という情報をテレビで見れば、恐らく多くの人が「そんなに病床は要らない」と思うだろう。増してや、テレビの解説者が「病床数が多いと医療費は増える方向に働き、医療費はうなぎ上りに増えている」と続け、病床削減が進まない理由について「医師会が抵抗している」とか、「民間医療機関が病床削減に反対している」などと、したり顔で説明すれば、それなりにもっともらしく番組を終わることができる。ほとんど多くの視聴者は「医師会」「医療界」を悪者あるいは「抵抗勢力」と認識するに違いない。

しかし、その翌朝に「地元の自治体が近所の公立病院の閉鎖・縮小を検討している」といったローカルニュースに接した時、どう思うだろうか。前夜にテレビを見つつ、医療界を指弾していた人が翌日には家族や知人と「アクセスが悪くなったらどうしよう」「かかりつけの病院が少し遠くなるのは嫌だ」「今までお世話になった病院の病床を何で削減しなきゃならないのか」などと話し合うようになるかもしれない。実際、「目の前の病院が廃止される」「5分で行けた救急が15分掛かるようになる」と聞けば、多くの人は不安に感じるだろう。増してや病気や障害のある人の場合、不安は大きくなるだろうし、新型コロナウイルスの感染拡大で一時的に医療需要が高まった今、病床削減の要素を含んだ制度改正は国民の不安や反発を招きやすくなった。いくら国・自治体の役人や学識者が「将来的に人口が減るので、こんなに病床は要らないんです」と説明しても、医療機関へのアクセスが悪化する住民の不安を簡単に払拭できるわけではない。

言い換えると、病床削減の議論は現場に行けば行くほど生活に身近なテーマであり、「総論賛成、各論反対」に陥りやすい。「国が…」「医師会が…」「都道府県が…」などと他人事のように評論していたとしても、立場が変われば誰もが「抵抗勢力」になる危険性があると言える。これが医療提供体制改革、中でも病床削減を巡る調整が難航する理由である。

例えば、医療機関の経営者としては、いつ変わるか分からない国や都道府県の方針に振り回されないように慎重な姿勢を取るのは止むを得ないし、「医師や患者を確保する上で、急性期病床の看板が必要」と考えたがるのも理解できなくない。住民も「できれば医療サービスに気軽にアクセスできる今の環境を維持したい」と望むのは当然だし、実際に病床削減の議論は往々にして住民の反対運動を引き起こしたり、賛否両論を巡って地域の分断を引き起こしたりする。こうした感情が強い中で、日本医師会が行政主導による性急な病床削減を恐れるのは当然であり、厚生労働省も「病床削減のための政策ではない」と説明するに至った。この結果、政策の目的が曖昧となり、国民には分かりにくい説明が続いている。

さらに、策定主体の都道府県は病床削減に力点を置くよりも、地元医師会と共同歩調を取りつつ、在宅医療の充実などに力を入れている。国の制度変更で「医療難民」「介護難民」が生まれるかもしれない危険性を考えれば、現場や住民の生活が影響を受けないように配慮するのは当然の対応である。その一方で、こうした状況で財政再建を重視する財務省が「地域医療構想に基づく病床削減が進んでいない！」と苛立つのも理解できる。

つまり、財務省、厚生労働省、都道府県、市町村、日本医師会、地域の医師会、民間医療機関の経営者、住民など、それぞれの関係者が個別最適を追求した結果、アンバランスな医療提供体制の改革が進んでいなかったのである。言い換えると、誰かを悪者にしても、何の問題解決にならない。特に地域レベルでは住民を含めた関係者がそれぞれの立場を理解しつつ、合意形成を地道に積み上げない限り、「総論賛成、各論反対」の状況は打破できない。さらに、新型コロナウイルスへの対応という不確定要因が加味されたことで、議論の先行きは全く見えなくなった。

こうした中、地域医療構想の行方について、少しでも現状を分析し、将来を展望するのが本書の役割である。具体的には、第1章で地域医療構想が制度化された目的や背景を、第2章で「過剰な病床の削減による医療費抑制」「切れ目のない提供体制の構築」という2つの目的が混在した経緯をそれぞれ解説する。その上で、第3章では2017年3月までに地域医療構想が策定された時点で、都道府県がどんなスタンスを採用したのか分析を試み、第4章では公立・公的医療機関の「名指し」問題を含めて議論が混乱した経緯や遠因を探る。第5章では新型コロナウイルスの影響を、第6章では国の統制が強まっている点を中心に、国と地方の関係などを考察し、第7章以降では「総論賛成、各論反対」に陥りがちな状況を打破する処方箋を示すことにしたい。

その際、新型コロナウイルスの影響が余りにも大きかったため、昨年までの議論は「遠い昔話」の感覚を持たれるかもしれない。しかし、地域医療構想は今後も重要な課題であり続ける以上、その時々の判断や議論を踏まえる重要性は変わらないと考えており、一種の記録として読んで頂きたい。

なお、文中は原則として当時の肩書で統一している。出典や引用は可能な限り明記しているが、公知の事実については省略している。

併せて、とにかく1世紀近い歴史を持つ公的医療保険制度は複雑であり、漢字が羅列された並んだ専門用語にウンザリするのではないだろうか。このため、必要に応じて「用語解説」という形で補った。固有名詞や肩書に関しては、原則として当時のものを採用した。

目次

第6章 国と地方の関係はどう変わるか

第1章

地域医療構想とは何か

地域医療構想の概要

地域医療構想とは、どんな制度なのか。なぜ制度化されたのか――。これが本章のテーマである。厚生労働省の説明によると、地域医療構想は「病床の機能分化・連携を進めるため、医療機能ごとに2025年の医療需要と病床の必要量を推計し、定めるもの」とされ、「医療計画」（用語解説①を参照）の一部として都道府県が2017年3月までに策定し、2018年4月に改定された医療計画に取り込まれた。

地域医療構想の特色は病床数を巡る需給ギャップを可視化した点である。具体的には、患者の受療行動や人口動向、高齢化の進行スピードなどを加味しつつ、2次医療圏を軸とした「構想区域」ごとに高度急性期、急性期、回復期、慢性期の4つの病床機能について、現在と2025年の需給ギャップを明示した。

図表5は各都道府県の地域医療構想に盛り込まれた病床数の合計である。これを見ると、将来的な人口減少を反映し、全国的には高度急性期と急性期、慢性期が余剰となる一方、回復期が不足するという結果となっており、高度急性期と急性期の削減、回復期の充実が求められることになる。さらに慢性期については、「軽度患者の30％が在宅に移行する」という前提で計算されており、在宅医療の整備が必要になる。

図表5 地域医療構想に盛り込まれた病床数

	現在	2025年 必要病床	将来の姿
高度急性期	182,791	130,449	52,342
急性期	592,637	400,626	192,011
回復期	120,050	375,240	▲255,190
慢性期	357,801	284,483	73,318
その他	21,304		21,304
合計	1,274,583	1,190,799	83,784

［単位：床数］

（出典） 各都道府県の地域医療構想を基に作成
（注1） ▲は不足を意味する。
（注2） 「現状」は地域医療構想に盛り込まれた数字をベースとしており、2014年度と2015年度の双方が含まれる。
（注3） 秋田など13県は未報告などの「その他」を計上しておらず、表の数字にも含まれていない。
（注4） 一部の数字に小数点が含まれるため、合計が一致しない。

もう少し細かく**図表5**の数字を説明すると、現在とは「病床機能報告」に基づき、各医療機関が都道府県に対し、「うちの病院は高度急性期を○○床提供している」「うちは慢性期病床を○○床持っている」といった現状を報告した数字の積み上げである。トータルで127万床強に上る様子が見て取れる。

一方、2025年の必要病床数とは、将来の医療需要の試算であり、その地域の将来の姿を示していると言える。これと現状を比べると、全国ベースでは計8万3000床前後が余剰となる計算であり、全体としては病床削減が必要という議論になる。

ただ、これは単純な説明なので、必要病床数の計算方法を詳しく見ることにする。必要病床の計算は「患者に対して行われた医療の内容に着目することで、患者の状態や診療の実態を勘案し

図表6 4つの病床機能と2025年の必要病床数推計の考え方

医療機能		国の推計方法によるのべ患者数	稼働率	
高度急性期	急性期の患者に対し、状態の早期安定化に向け、診療密度が特に高い医療を提供する機能	医療資源投入量 3,000点以上	75%	診療報酬の出来高ベースで試算
急性期	急性期の患者に対し、状態の早期の安定化に向けて、医療を提供する機能	医療資源投入量 600～3,000点以上	78%	
回復期	・急性期を超過した患者への在宅復帰に向けた医療やリハビリテーションを提供する機能 ・特に、急性期を超過した脳血管患者や大腿骨頸部骨折等の患者に対し、ADLの向上や住宅復帰を目的としたリハビリテーションを集中的に提供する機能	医療資源投入量 175～600点以上 ＋ 回復期リハビリテーション病棟入院料を算定した患者数	90%	
慢性期	・長期にわたり療養が必要な患者を入院させる機能 ・長期にわたり療養が必要な重度の障害者（重度の意識障害を含む）、筋ジストロフィー患者または難病患者等を入院させる機能	＜一般病床＞ 障害者施設等入院基本料、特殊疾患病棟入院基本料、特殊疾患入院医療管理料、特殊疾患入院医療管理料を算定している患者 ＜療養病床＞ 療養病床（回復期リハビリテーション病棟入院料を算定した患者数を除く）－医療区分Ｉの患者数の30%－地域差解消分	92%	慢性期軽度入院患者の30％が「在宅医療等」に移行する前提 ※「在宅医療等」には高齢者施設・住宅への医療も含む
在宅医療等		175点未満＜療養病床＞ 医療区分Ｉの70%＋地域差解消分		

（出典）　東京都地域医療構想を基に作成

た推計」という考え方に基づいている。具体的には、患者に施される診療行為を診療報酬（入院基本料を除く）の出来高ベースに換算し、「医療資源投入量」を算出。これで患者を区分けし、高度急性期、急性期、回復期の医療需要を試算している。だが、慢性期については、診療報酬が包括払いとなっているため、軽度な「医療区分Ｉ」患者の30％が在宅医療に移行する前提で慢性期の必要病床を計算しており、その残余が「在宅医療等」と整理されている。その際、在宅医療等には高齢者住宅や介護施設における医療も含まれているため、全てが自宅を意味するわけではない。

その上で、機能ごとに定められた

稼働率で割り戻しており、稼働率は高度急性期で75％、急性期で78％、回復期で90％、慢性期で92％と定められている。こうした病床数の推計方法については、**図表6**の通りであり、これと病床機能報告の差を比較することで、将来の病床の需給ギャップを明らかにすることに主眼を置いた。

しかし、後で詳しく述べる通り、日本の医療提供体制は民間中心であり、都道府県がいくら地域医療構想を作ったとしても、実効性を担保できるような権限を持っていない。

そこで、**図表5**のような病床数のギャップを1つの参考値にしつつ、都道府県や地域の医師会、民間の医療機関関係者、介護従事者、市町村、住民などが協議することで、地域の実情に応じて医療提供体制を改革することを目指している。例えば、地域医療構想の制度化に道筋を付けた政府の社会保障制度改革国民会議報告書（2013年8月）では、「医療政策に対して国の力がさほど強くない日本の状況を鑑み、データの可視化を通じた客観的データに基づく政策、つまり（略）データによる制御機構をもって医療ニーズと提供体制のマッチングを図るシステムの確立を要請する声が上がっていることにも留意せねばならない」と書かれている。

要はデータを通じて将来像を可視化し、そのデータをもって民間医療機関などの経営行動を変容させることに力点を置いており、その際の舞台装置として期待されているのが調整会議である。具体的には、地域医療構想の推進に際して、各都道府県は2次医療圏をベースに

図表7 地域医療介護総合確保基金の規模の推移

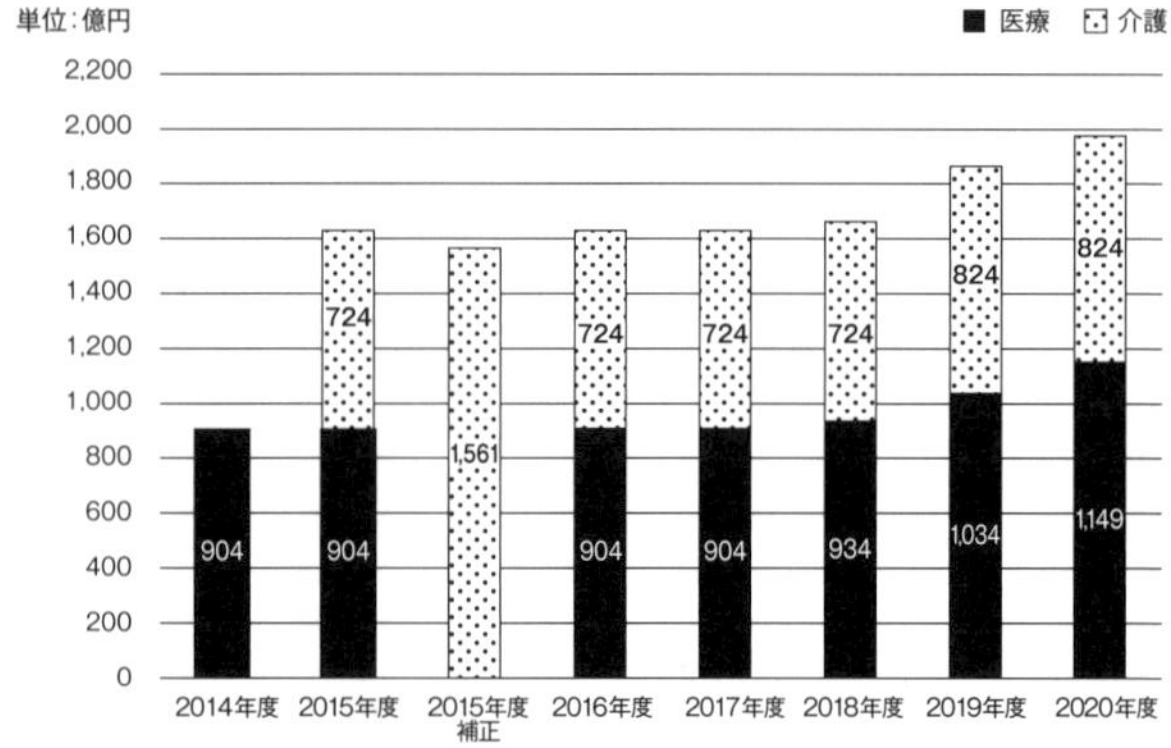

（出典）　財務省、厚生労働省資料を基に作成
（注１）　地方負担を合わせた事業費ベース。
（注２）　億円未満は四捨五入した。

した構想区域ごとに調整会議を設置した。その数は策定時点で３４１区域に上り、**図表5**の病床ギャップは３４１区域に分かれた構想区域ごとの数字を足し上げた結果である。言い換えると、地域医療構想の推進では「全体の病床数をどうするか」という議論だけでなく、地域ごとの細かいレベルでの調整と合意形成が重視されていることになる。

さらに、厚生労働省は合意形成で議論が進まない場合に備えた「アメ」と「ムチ」を用意した。まず、アメは「地域医療介護総合確保基金」という財政制度であり、病床削減に伴う設備の変更などに対して費用を助成する。２０２０年度予算では国・地方の負担を合わせて１１４９億円が計上されている。介護の人材確保などに使える介護分としても、国と地方の負担を合わせて計８２４億円が準備されており、その規模は**図表7**の通りに、年を経るごとに拡充されている。基金の財源には引き上げられた消費税が充当されている。

「ムチ」としては、都道府県知事の権限を強化した。具体的には、▽医療機関が過剰な医療機能病床に転換する場合、都道府県は転換の中止を要請できる権限（公的医療機関の場合は命令）、▽これに従わない時、都道府県が医療機関名の公表、補助金交付対象からの排除――といった対応が可能となるように、医療法を改正した。

医師の判断が医療の需要を作り出す

では、なぜ地域医療構想が制度化されたのだろうか。淵源は2008年6月の社会保障国民会議中間報告にさかのぼる。福田康夫政権の時代に創設された同会議は社会保障・税一体改革の方向性を議論し、同中間報告は「過剰な病床の思い切った適正化」「疾病構造や医療・介護ニーズの変化に対応した病院・病床の機能分化の徹底と集約化」が必要と指摘した。その後、民主党への政権交代、さらに自民党の政権復帰を挟み、2013年8月の社会保障制度改革国民会議報告書の提案を受けて、2014年の通常国会で医療法が改正され、地域医療構想が最終的に制度化された。このように見ると、地域医療構想が約10年の歳月を経て制

図表8 国民医療費の推移

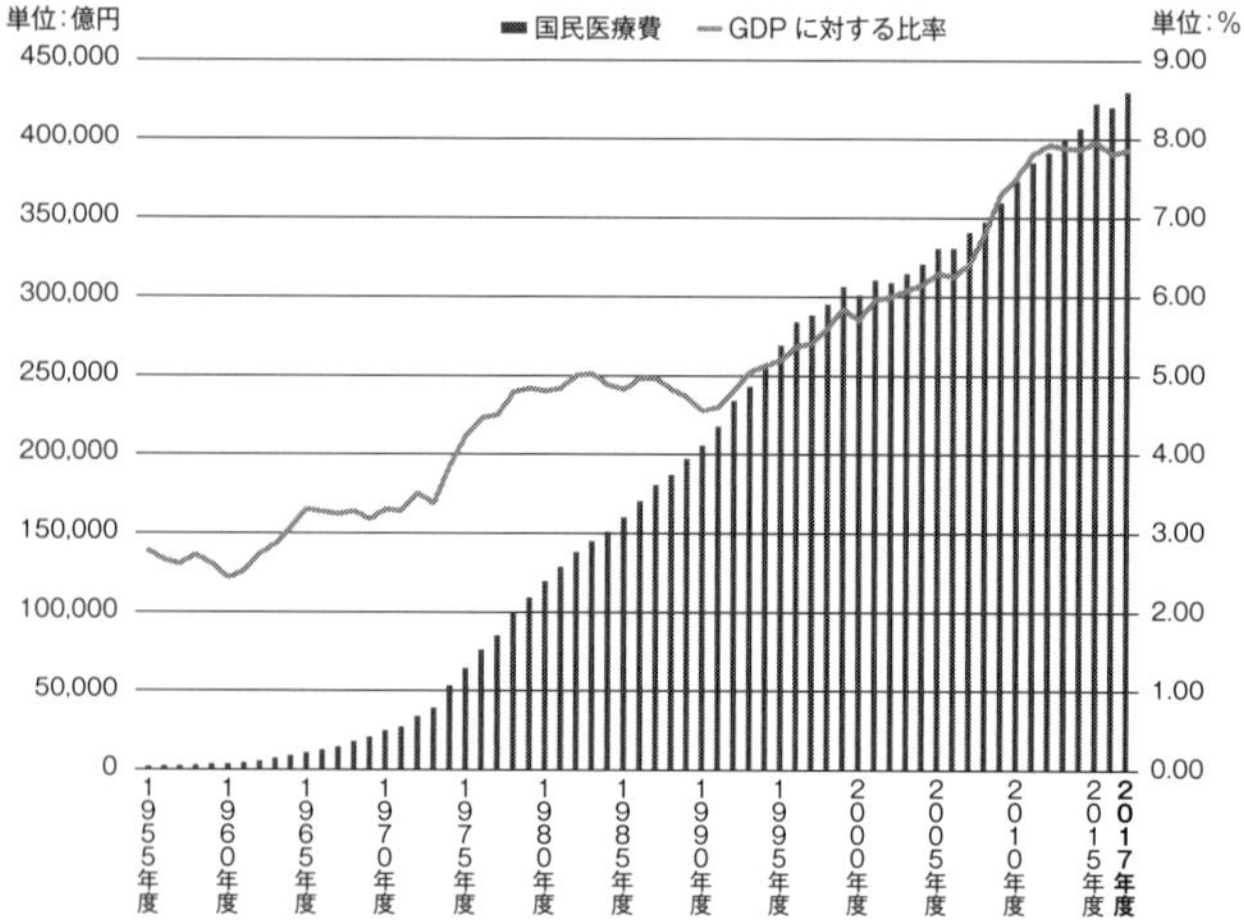

（出典）　厚生労働省「国民医療費」を基に作成

度化された歴史的な経緯と、過剰な病床の削減による医療費抑制を目指していたことを確認できる。

もちろん、こうした議論の背景には医療費の増大に対する危機感がある。保険診療で賄われた医療費を示す「国民医療費」はほぼ年々、増加し続けており、**図表8**の通りに2017年現在で約43兆円であり、ほぼ一貫して増えている。しかも、こうした医療費の増加ペースがGDPの伸びと同じであれば、税収や社会保険料の増収で賄えるのだが、実際には医療費の対GDP比率も増加している。つまり、税収や社会保険料の伸びを超えて医療費が増えており、患者の自己負担を増やすなどの対応策を取らない限り、そのギャップは赤字国債あるいは赤字地方債（臨時財政対策債）という形で、将来世代にツケが回されていることになる。しかも、団塊世代が75歳以上を迎えると、医療・介護需要が急増する可能性があるため、それに備えた医療提供体制を構築するという目的もあった。言わば10年程度の時間を掛けつつ、医療提供体制を変えて行こうというコンセプトである。

ここで、留意しなければならないのが病床数と医療費の関係である。医療経済学では病床数が多いと医療費が増える相関関係を説明するモデルとして、「医師需要誘発仮説」という考え方が以前から論じられており、中でも約1.3倍の開きがある都道府県別医療費は病床数や医師数と強く相関していることが過去の研究で明らかになっている（『医療費の地域差』『再考・医療費適正化』）。医師需要誘発仮説の是非は今でも研究者の間で争点になっているが、ベッド数が多いと医療費が増える点については、概ね見解が一致している。

こうした現象については、「空きベッドに患者を入れたがる収益拡大を目指す医師の行動や判断が無駄な医療費を生み出している」と思われるかもしれないが、それほど問題は簡単ではない。ここで急に腹が痛くなり、病院に行った時のことを考えて欲しい。その際、病室で医師から「取り敢えず入院しましょうか」と告げられた時、どのように行動するだろうか。患者―医師の間には情報格差が大きいため、患者は自らの状態を知り得る立場ではないし、医師の言い付けを拒否するのは難しい。何よりも患者は「少しでも早く良くなりたい」という願望を持っており、できることならば医師に最善の診察や治療をお願いしたいと考える。

一方、医師も自らのプロフェッショナリズムを発揮させ、患者のために最善の手立てを打とうとするため、「念のための入院や検査」を実施する可能性がある。その結果、供給制約のギリギリまで医療サービスの水準は引き上がってしまう。

つまり、「患者を治したい」という医師と、「早く良くなりたい」という患者の「善意」の積み重ねが「取り敢えず入院」といった受療行動を作り出し、医療費を増やす方向に働きやすい。医師需要誘発仮説の説明に際して、効率性を重視する経済学者の間では「収益極大化を図りたい医師の行動と判断が無駄な医療需要を作り出している」という説明が多く聞かれるが、実際の臨床現場では「無駄な医療」「必要な医療」を簡単に切り分けられるわけではなく、善意の積み重ねの結果、医療サービスは高水準に高止まりしがちである。こうして病床数の多さが医療費の増加を招くのである。言い換えると、過剰な病床を減らしつつ、在宅医療などを充実させれば、医療費を節約できる可能性がある。

国際的に突出したベッド数

しかも、日本の病床数は先進国平均で見ても過剰である。冒頭、**図表1**で示したのはOECDの加盟国で見た人口1000人当たりで見た病床数であり、日本が世界一の「ベッド大国」であることを容易に理解できる。どの程度の病床数が適正なのか、特に定まっているわけではないし、どこかの国のレベルや平均水準に収れんさせなければならないわけではないが、「福祉国家の先進国」とされる北欧などと比べても、日本の病床数の過剰ぶりは突出していることは間違いない。

こうした過剰な病床は１９７３年に始まった老人医療費無料化などで生まれた経緯があり、政府は「医療計画制度」の導入など、病床を減らす政策が１９８０年代以降、断続的に続けてきた。医療計画の一部として策定された地域医療構想も、その流れを汲んでいる。

さらに、患者７人に対して看護師１人を配置する急性期病床（通称、７：１基準）を減らしたいという思惑も秘められていた。厚生労働省は病床の役割分担を明確にする観点に立ち、２００６年度診療報酬改定に際して、７：１基準を創設するとともに、ここに手厚く診療報酬を分配したところ、厚生労働省の予想以上に７：１基準を取得する医療機関が増加し、医療費を引き上げる要因となった。このように膨張した７：１基準を圧縮することで、医療費を減らしたいという思惑があったのは事実であり、この結果として、地域医療構想の議論は急性期病床の削減に特化しがちである。

ただ、病床数を減らすのであれば、都道府県に地域医療構想を作らせ、しかも民間医療機関との合意形成を重視する回りくどい方法を採らなくてもいいかもしれない。例えば、都道府県が強権を発動し、病床削減を命令する選択肢とか、２年に一度の診療報酬改正を通じて、ベッドを多く持っても収益を得られないようにする制度改正を講じれば、自ずと病床数は減るはずだが、これらの政策を取り得なかった点も、地域医療構想が制度化された要因である。次に①民間中心の提供体制、②人口変動の都道府県別格差――という2点を説明する。

江戸の敵を長崎で討つ都道府県の限界

地域医療構想が合意形成に力点を置いているのは、日本独特の提供体制に由来している。日本の医療提供体制では、医療法人を含めた民間医療機関が大きな役割を占めており、都道府県は実効権限を持っていないため、関係者の合意形成に頼らざるを得ないわけだ。

民間中心の提供体制については、開設者別に見た病院の病床数の内訳を示す**図表9**を見ると、一目瞭然であろう。具体的には、国は8・2％、公立医療機関は14・3％（都道府県、市町村、地方独立行政法人の合計）、公的医療機関（日本赤十字、済生会、北海道社会事業協会、厚生連、健康保険組合及びその連合会、共済組合及びその連合会、国民健康保険組合の合計）は7・0％にとどまる。これに対し、民間資本の医療法人が55・9％を占めており、これらの医療機関に対して都道府県は実効的な権限をほとんど有していないため、地域医療構想は合意形成に基づき、民間病院の自主的な対応に力点を置いている。

都道府県が実効権限を持っていない一例として、医療計画に基づく病床規制を挙げることができる。都道府県は6年サイクルで改定する医療計画に基づき、病床過剰地域で病床数に

図表9　開設者別に見た病院の病床数

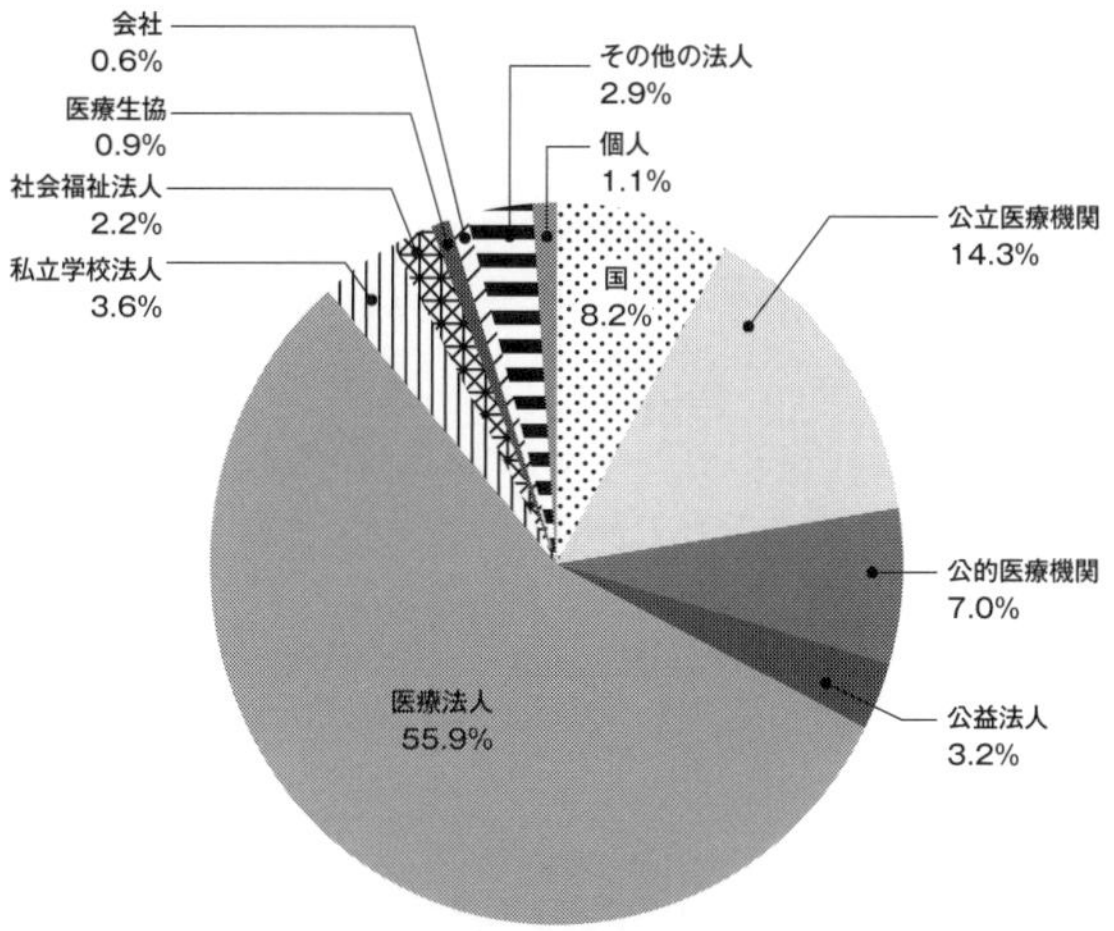

（出典）　厚生労働省「2018年医療施設動態調査」を基に加工、作成
（注）　公立医療機関は都道府県、市町村、地方独立行政法人の合計。公的医療機関は日本赤十字、済生会、北海道社会事業協会、厚生連、健康保険組合及びその連合会、共済組合及びその連合会、国民健康保険組合の合計。

上限を設定しているが、民間医療機関に対しては、行政指導の性格しか持たない「勧告」にとどまる。さらに、病床の新設を認めない規制についても、医療計画制度の根拠法である医療法ではなく、健康保険法に基づく保険医療機関に指定しないことで対応している。つまり、保険診療の対象から外れると、医療機関は患者に対し、入院医療費の全額負担を求めなければならなくなるため、実質的に病床を増やせないようにしているわけだ。

こうした規制については、「どの医療機関の病床が過剰であるか一概に判断できない以上、常にその責めを新規参入者に負わせていることは職業選択の自由を制限する態様として合理的といえるか大いに疑問が残る」（『社会保障法』）という指摘がある。この点はコンビニエンスストアと比較すれば、理解しやすいかもしれない。仮にコンビニが過剰出店になれば、自ずと市場が淘汰するため、わざわざ政府はコンビニの店数や床面積、半径距離などについて上限を設定するような政策を採用しない。このため、仮に自営業者が「コンビニに転換する」と考えれば、誰かに制限されることはない。言わば「営業の自由」が認められている。

これに対し、医療計画制度の下では、「病床が過剰」と認識されている場合、その地域で病床の新設が許されていない。しかも新規参入だけを規制し、「既存の医療機関がどこまで必要かつ効率的なサービスを提供しているか」という点をチェックしているわけではない。このため、社会保障法の研究では新規参入者の営業権を侵害することで、「病床制限を掛ける方法が適切なのか」という点が論じられているわけだ。

さらに、その方法も問題含みである。病床の上限規制を法制化した際の審議では、「医療法の勧告に従わなかったからという理由で、健康保険法で不利益に扱う制度は江戸のかたきを長崎で討つ仕組みだ」という皮肉さえ過去には出ていた（1998年4月14日衆議院厚生委員会における阿部泰隆神戸大学教授の発言）。つまり、医療計画の策定を医療法で策定するよう都道府県に義務付けているのに、その実効性は健康保険法で担保している様子について、「江戸（医療法）のかたきを長崎（健康保険法）で討っている」と皮肉ったのである。

確かに既述した通り、地域医療構想の制度化に際して、都道府県の権限が強化されたが、「懐に武器を忍ばせている」「実際に使うことを想定しているわけではない」（2014年4月23日衆議院厚生労働委員会における原徳壽医政局長の答弁）という国会答弁が残されており、知事の権限は「抜かずの宝刀」と言える。それほど都道府県は民間中心の提供体制に対し、実効権限を持っておらず、地域医療構想でも民間医療機関の自主的な対応と関係者の合意形成に力点を置いている。

人口動向の都道府県別格差

さらに地域医療構想の制度化に際しては、人口動向など地域差に配慮する必要性も意識された。今後、人口動向を巡る都道府県別格差は大きくなり、病床数の需給ギャップも地域ごとに異なってくるため、診療報酬のような全国一律の政策だけでは限界があるという判断である。

その一例として、2015年と2025年で人口変動を比較すると、**図表10**の通りに、都道府県別で差が大きいことは一目瞭然であろう。さらに、団塊ジュニアが高齢者になる2040年頃までを見通すと、首都圏では一気に高齢化が進むのに対し、青森県、秋田県、高知県では2ケタ台の比率で人口が減っていく。

図表10 2025年時点における都道府県別の高齢化率、人口変化の動向

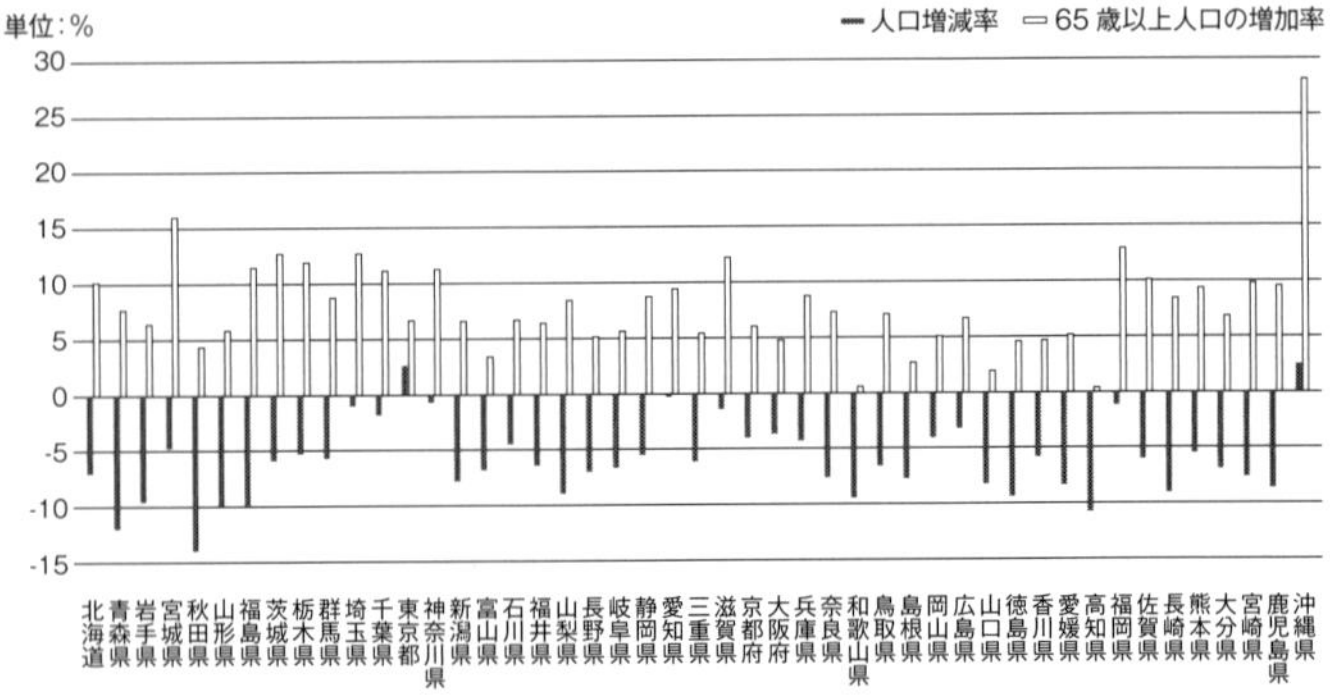

（出典）　国立社会保障・人口問題研究所資料を基に作成
（注）　2015 年を基準とした増減率

図表11 2025年時点の都道府県別病床の余剰または不足度合い

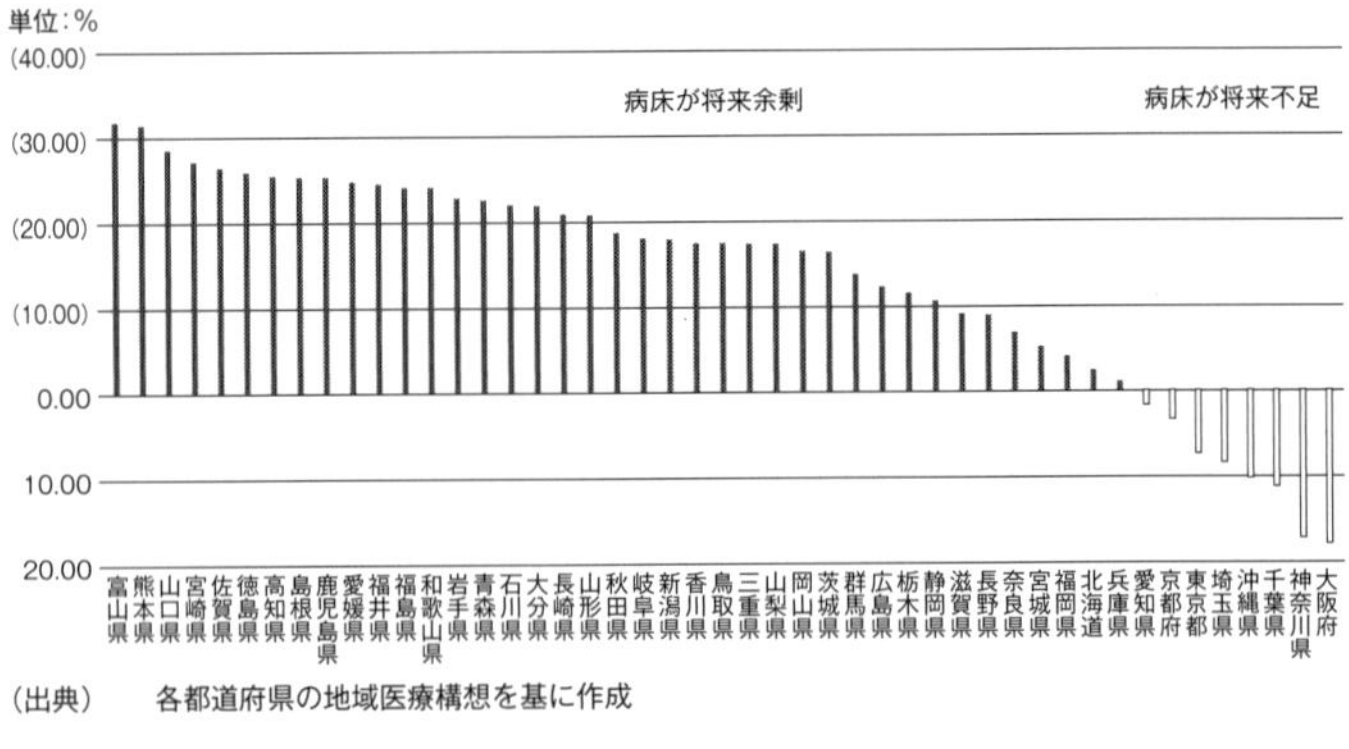

（出典）　各都道府県の地域医療構想を基に作成

こうした人口動向の地域差を踏まえて、地域医療構想で可視化された病床数の需給ギャップを巡る地域差も大きい。**図表11**は地域医療構想に盛り込まれた病床数の余剰または不足率を都道府県別で見た結果である。つまり、２０２５年時点の病床数と現状の比較である。これを見ると、富山県や熊本県では3割台の余剰となる一方、首都圏や沖縄県など今後、高齢化が進む都府県では病床数が不足するという予想になっている。

さらに2次医療圏をベースとした構想区域で見れば、地域差は一層、大きくなることになり、こうした状況で診療報酬だけで政策を誘導しようとすると、地域の事情に応じた課題解決は難しい。そこで現場に近い都道府県の役割や責任を拡大するため、地域医療構想が制度化されたのである。つまり、地域医療構想の具体的な進め方は都道府県の主体性に委ねられており、関係者と協力・連携しつつ、地域の課題を地域で解決する発想が求められる。

少し具体的に考えると、首都圏では全体として病床数が足りなくなるという試算になっており、回復期を中心とした病床の整備だけでなく、在宅医療の充実や医療・介護連携など高齢化に対応した提供体制の構築が求められる。一方、病床数が多く余る結果になった県では病床数の削減が必要となり、都道府県ごとに地域事情に応じた見直し論議が求められている。

現場レベルでの調整が必要な医療制度の特性

筆者自身、地域の実情に応じた対応は必要不可欠と考えている。往々にして、「年金・医療・介護」の3分野（最近は消費増税の使途として、子育てを含めた4分野）はひっくるめて論じられることが多いが、純粋に現金のやり取りだけで完結する年金と異なり、医療は現場レベルでの調整が必要になる（介護も同様の側面を持つが、ここでは医療について記述する）。

具体的には、患者にとって質の高いサービスが提供されなければ、いくら財政を好転させたり、財政を充実させたりしたとしても、無意味になる。つまり、「どうやって財政をやりくりするか」といった財政面の配慮に加えて、医師などの専門職を確保したり、病院や医療機関などを整備したりすることで、「どうやってサービスを提供するか」、あるいは「どうやって質を確保するか」という議論が欠かせない。さらに言えば、現場レベルで患者―医師の信頼関係をベースに制度を構築する必要があり、現場から遠い国に任せる中央集権的な方法だけではなく、患者―医師に近い自治体レベルでの調整が重要になってくる。

ただ、医療制度について、国の役割や関与が要らないと言っているわけではない。日本の医療制度は国民全員に対し、何らかの公的保険制度への加入を義務付ける「国民皆保険」を採用しており、国民は保険料の支払いを強制されている。このため、保険料を支払う対価として、サービスの提供が担保されなければ、国民は保険料を支払う意義を感じにくくなる。そこで、国が一定程度、医療サービスを平等に提供できるシステムを整備する必要が出て来る。つまり、国と自治体が連携しつつ、重層的に制度を運営する必要がある。

その際に考えなければならないのが都道府県、市町村の役割分担である。日本の地方制度は「国―都道府県―市町村」の三層構造を採用しており、都道府県と市町村のどちらが医療制度を運営すべきか、という議論も必要になる。一般的に地方行政や地方分権の世界では、「補完性の原理」という考え方の下、市町村のような身近な自治体に多くを委ねるのが基本である。

しかし、医療制度の運営は専門性を伴う上、救急医療は市町村の境界を越えて広域に及ぶため、介護保険のように市町村だけで運営するのは難しい。増してや、新型コロナウイルスのような感染症対策に関しては、患者の移動が広域に及ぶ可能性を考えると、市町村での対応には限界がある。財政運営の観点で見ても、一定程度の人数を確保すると、財政が安定する「大数の法則」を踏まえれば、一定程度の人口的なまとまりが必要となる。

このため、現行の自治制度を前提にするのであれば、広域自治体である都道府県が主体的に医療行政を担うことが望ましく、都道府県が国、市町村と協力しつつ、地域の実情に沿って課題を解決するスタンスが求められる。

求められる都道府県の主体性

ここで、重視されるべきは地域医療構想と地方分権改革の親和性である。地域の課題を自ら解決する必要性については、権限や税源を自治体に移す地方分権改革でも論じられてきたためである。元々、地方分権改革は1993年の国会決議に始まり、国の事務を自治体に代行させる「機関委任事務」の廃止に加えて、国・地方税財政を見直した小泉純一郎政権期の「三位一体改革」（国庫補助金の削減・縮減、国・地方の税財源比の見直し、地方交付税制度の見直しの一体改革）を通じて、4兆円の補助金改革と3兆円規模の税源移譲が実現するなど、過去30年程度に渡って間断なく制度改正が進められて来た経緯があり、そもそもの発想に立つと、自治体の権限や財源を増やす地方分権改革の趣旨については、地域の実情に沿って医療提供体制を改革しようとする地域医療構想とのコンセプトと合致している面が多い。

しかし、医療行政の役割拡大に関して、自治体側は忌避してきた経緯がある。例えば、医療費適正化の役割を都道府県に担わせる内容を含んだ2008年度の大規模な医療保険制度改革に際して、その役割を担うことに都道府県は反対していた（2005年11月20日『朝日新聞』）。

都道府県の消極的なスタンスが最も端的に表れたのが国民健康保険（用語解説②を参照）を巡る制度改革である。元々、国民健康保険における都道府県の役割拡大については、高齢者医療費の急増と財政赤字の拡大傾向が顕著になった1980年代から論じられており、全国知事会は難色を示し続けてきた。さらに三位一体改革に際しても、全国知事会など地方六団体は高齢化で負担が増えると目されていた医療分野の議論を避けようとした。具体的には、医療・介護・福祉分野の国庫補助金については、廃止・縮減を望まず、むしろ教育など少子化で負担が減る分野の移譲を要望していた。

中でも、慢性的な赤字に苦しむ国民健康保険の改革を巡り、国と都道府県は激しい攻防を繰り広げた。国民健康保険は２０１８年度に都道府県化される以前、慢性的な赤字に苦しんでいたため、運営者である市町村は追加的に財源を補填するなど、地方財政の大きな重荷となっていた。そこで、厚生労働省は「財政安定に運営の広域化が必要であり、積年の悲願である都道府県の本格的な運営参加が不可欠」と考えた（『国民健康保険七十年史』）。つまり、三位一体改革を契機にして、慢性的な赤字に苦しむ国民健康保険の運営を都道府県単位に広域化することで、財政を安定化させようとしたわけだ。

しかし、全国知事会は「裁量を広げることにつながらない。あくまでも数字合わせに過ぎない」（『疾走12年アサノ知事の改革白書』）と一貫して反対した。最終的に、この時は国民健康保険を運営する市町村が都道府県の財政負担拡大に賛成したこともあり、全国知事会は負担増を受け入れるに至った。

その後、２０１０年頃から全国知事会は「国民健康保険に関する役割拡大やむなし」という方向に変わって行ったが、それでも２０１８年度の都道府県化に際しては、国の財政支援を訴えるなど、難色を示した。このように全国知事会が望んでいなかった医療分野で地方分権改革の趣旨が問われるのは皮肉な結果と言えるかもしれない。

地域発独自の取り組み、都道府県主体の医療政策

しかし、一部の都道府県では地域医療構想の策定を契機に、地域の自主性を発揮した事例が生まれつつある。まだまだ手探り状態が続いている上、全体の傾向に繋がっているわけではないが、都道府県の自主性を引き出した点は地域医療構想の成果の1つと言えるであろう。

主な取り組みについては、医療計画の見直し等に関する検討会の下に設置された地域医療構想に関するワーキンググループ（以降、地域医療構想ワーキング）で取り上げられており、その主な内容は**図表12**の通りである。ここでは、幾つかの事例を紹介していこう。例えば奈良県は現状を示す「病床機能報告」のうち、急性期患者の受け入れに関する実態にバラツキが見られるため、一定の要件を定めることで、「断らない救急」を中心とする重症患者を受け入れる病床と、軽症患者を受け入れて回復期と連携する病床に可視化した。

これには地域医療構想の制度的な欠陥を補いたいという思惑が秘められている。ここで**図表5**をもう一度、確認して頂きたい。地域医療構想で示された「現状」とは、各医療機関が都道府県に報告する病床機能報告をベースにしている。しかし、病床機能報告は医療機関の主観的な判断に基づく定性的な数字であり、実態を反映しているとは限らない。例えば、奈良県の場合、**図表13**の通り、病床機能報告ベースに沿うと、急性期病床のベッド数は

図表12 地域医療構想ワーキンググループで示された主な地域の事例

地域名	地域医療構想ワーキンググループで報告された事例
青森県	▶ 国立病院機構弘前病院と弘前市立病院の統合。
山形県	▶ 山形県立日本海病院と酒田市立酒田病院の統合。
茨城県	▶ 神栖済生会病院と鹿島労災病院の統合。
埼玉県	▶ 医療機能を明確化するため、客観的基準を導入する県独自の取り組み。
静岡県	▶ 地域医療構想調整会議の運用に際して、学識経験者を関与させる県独自の取り組み。
大阪府	▶ 設置者に関わらず、医療機関の間での認識共有を図るため、府内全ての病院に関してデータを整理、共有する府独自の取り組み。
奈良県	▶ 医療機関から現状の報告を義務付けている病床機能報告のうち、定義が曖昧な「急性期」を重症と軽症に区分する目安を明示する県独自の取り組み。
和歌山県	▶ 高度急性期・急性期病床から慢性期病床や在宅ケアに移行する患者を一時的に受け入れる「地域密着型協力病院」を指定する県独自の取り組み。
徳島県	▶ JA阿南共栄病院と阿南医師会中央病院の統合。
高知県	▶ 地域医療構想調整会議の運営に際して、▽日常的な医療を中心とした議論を行うため、中央区域を４つのサブ区域（物部川、嶺北、高知市、仁淀川）に分割、▽療養病床の転換意向調査の実施――などを行う県独自の取り組み。
佐賀県	▶ 医療機能の大幅な変更などの際、地域医療構想調整会議の協議事項とした県独自の取り組み。
沖縄県	▶ 地域医療構想調整会議の運営に際して、テーマに沿って参加者を絞ったり、具体的な論点を設定したりする県独自の取り組み。

（出典）　厚生労働省ウエブサイトを基に作成

６９７７床となっているが、これを「50床当たり手術＋救急入院を1日2件」という実績で線引きすると、この要件をクリアしたのは約４３００床にとどまった。つまり、急性期病床を標榜しているのに、重症患者を受け入れていない病床が多数含まれていることになる。

もちろん、奈良県の基準が適切かどうか議論の余地があるが、病床機能報告の「急性期」にはバラツキが多く、これを可視化、明確化するのが狙いであり、同様の取り組みは埼玉県、佐賀県などに広がっている。少し分かりやすい表現を使うとすれば、「急性期」を標榜しているのに救急車や救急患者をほとんど受け入れていない「何ちゃって急性期」をあぶり出す狙いがある。

さらに和歌山県は「地域密着型協力病院」

図表13 急性期の機能明確化と可視化に取り組む奈良県の事例

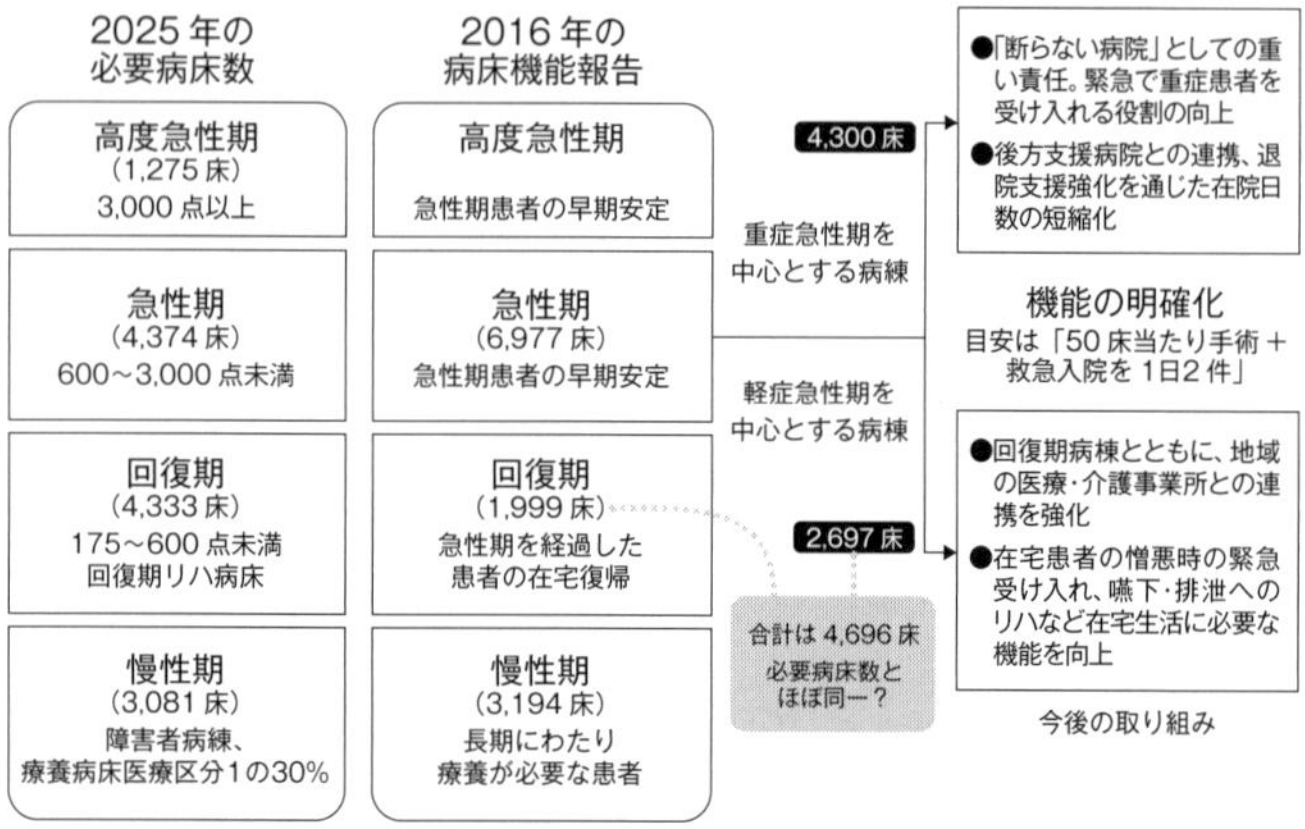

（出典）　奈良県資料を基に作成

図表14 切れ目のない提供体制の構築に取り組む和歌山県の事例

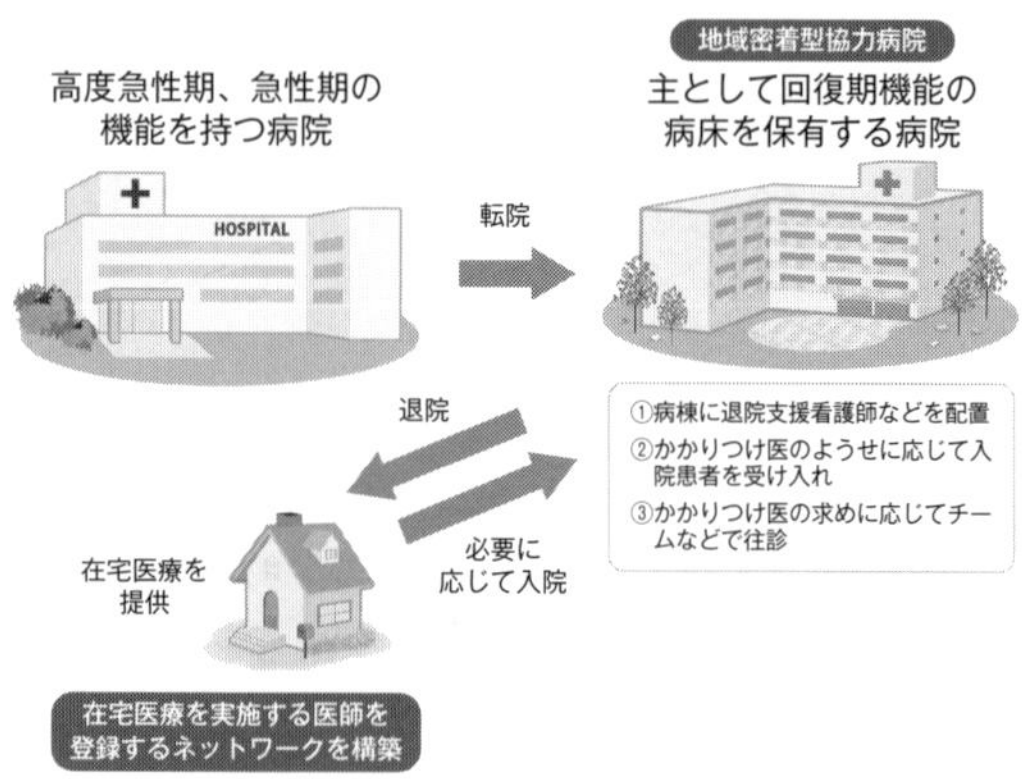

（出典）　和歌山県資料を基に作成

という枠組みを創設した。**図表14**の通り、これはスムーズな退院支援と在宅移行を促すため、急性期病床から退院した患者を在宅で受け入れるまでの中間的な受け皿を作ろうとしている。さらに、生活に密着したレベルで在宅医療のネットワークを構築することで、急性期病床と地域密着型協力病院、在宅医療の間でのネットワークを強化し、スムーズな入退院と在宅療養の支援を進めようとしている。

地域医療構想の策定が進んでいた段階で、厚生労働省が盛んに先進事例として取り上げていたのは青森県の方式である。青森県の特色は各医療機関の役割分担を明記した点である。例えば、青森市を含む青森地域について、県立中央病院が高度医療や専門医療の提供などを、青森市民病院が救急医療の確保と回復期の充実を進めると定めていた。さらに、地域医療構想の公表時点では医療機関の役割を書いていなかった津軽地区についても、**図表15**の通り、弘前市立病院と国立弘前病院を統合する病院が救急医療を担うとともに、他の病院が担うべき機能も示した（２０１６年11月27日『東奥日報』）。

こうした青森県の方式は厚生労働省に注目され、神田裕二医政局長が「具体的だ」と評価した（２０１６年７月６日『CB News』）。実際、２０１７年６月の骨太方針（経済財政運営と改革の基本方針）は「病床の役割分担」を進めるため、個別の病院名を「具体的対応方針」に明記する必要性に言及しており、青森県の方式は１つの参考にされた形だ。

このほか、地域医療構想ワーキングで紹介された事例ではないが、地域医療構想の策定に

図表15 厚生労働省が先進事例とした青森県の方式

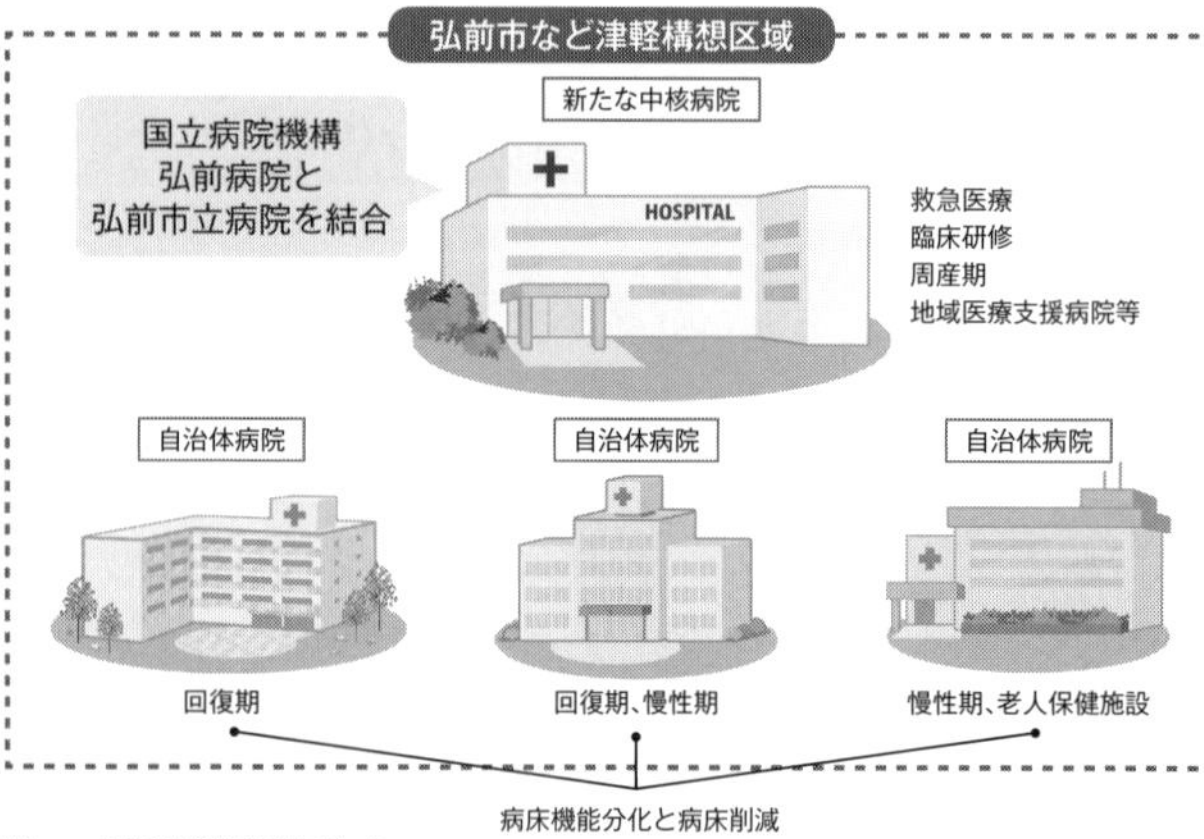

（出典）　青森県資料を基に作成

際しては、都道府県が独自で地域医療の実情を可視化したり、現状の把握に努めたりする動きも見られた。具体的には、千葉県、福井県、静岡県がネット県民意識調査を実施し、かかりつけ医の有無や医療・介護に対する認識などを調べたほか、新潟県は疾病別に病床数を積み上げた独自の需要推計、熊本県は医療機関に対する聞き取り調査を実施した上で、地域事情を加味した必要病床数を独自に推計していた。

さらに、宮城県、富山県、長野県、京都府、島根県、広島県、高知県、鹿児島県、沖縄県の9府県が入院患者に関する実態調査を実施した。このうち、高知県については、慢性期病床数が全国で最も多いため、在宅ケアの受け皿づくりが求められている。そこで、療養病床に入院する患者の実態調査を実施し、▽

入院患者の医療区分、胃ろうなど医療処置の実態、▽所得の状況、▽家庭での受け入れ状況――などを調べた。さらに、介護型療養病床の廃止が取り沙汰されていた２００６年度にも一度、調査を実施していたため、10年前の調査と比較した。その結果、医療型療養病床では、患者の重症度が増すなど、医療的な処置を受ける患者も増えており、国の試算通りに在宅移行が進むかどうか微妙な実態を浮き彫りにした。

在宅医療に関する現状を可視化する取り組みも見られた。具体的には、医療機関と訪問看護ステーションを対象に在宅医療の取り組みや地域資源を把握する長野県の「県在宅医療提供体制等調査報告」、在宅医療の取り組みを市町村ごとに可視化する三重県の「在宅医療フレーム」といった取り組みである。このうち、長野県の調査ではレセプト（診療報酬支払明細書）など統計上の数値だけでは実態を把握しにくい往診についてもヒアリングを実施するとともに、２次医療圏ごとに在宅ケアを手掛ける医療機関や訪問看護ステーション、介護事業所の位置などを地図上に示したり、10年後も現体制を維持できるか見通しを尋ねたりすることで、市町村を含めた関係者の合意形成に役立てようとしていた。

慢性期病床や在宅医療に関して、一部で独自の調査や施策が実施された背景には、「慢性期に関する地域医療構想による機械的な病床推計が地域の実情に合わないかもしれない」という配慮があったと思われる。地域医療構想では慢性期の必要病床を計算する際、医療区分Ⅰの軽度患者の30％が在宅医療に移行する前提に立っており、在宅に移行する患者数を地域の実情よりも過大に見積もってしまう可能性があるため、独自に実態を調査したとみられる。

こうした地域独自の動きは地域医療構想の1つの成果と言えるであろう。地域医療構想の推進について、「自治体において、総合的な企画立案と高度な調整能力を有する人材の配置をはじめ取組み体制の充実強化が不可欠である」「国が通知を出せばどうにかなるものではない」（『医療政策を問いなおす』）という指摘が出ていた通り、実際の運用に際しては都道府県職員の力量が問われる。こうした都道府県の取り組みを細かく見ると、地域医療構想が医療行政に関する都道府県の主体性を一定程度、引き出したことは事実である。

病床削減が進まない理由の考察

しかし、こうした先進事例は全体的な動きになっているとは言えず、地域医療構想の議論が必ずしも進んでいないと判断され、病床削減を急ぎたい経済財政諮問会議などのプレッシャーが強まった。

では、なぜ病床削減は進まないのだろうか。はじめにで触れた通り、病床削減の議論は「総論賛成、各論反対」に陥りやすい。ここで、それぞれの利害関係者の視点に立って、病床削減の議論を整理してみよう。

まず、患者・住民である。いくら厚生労働省や都道府県の職員、有識者が地域医療構想に基づいて、「この地域は人口が減るので、将来的には病床が余ります」というデータを示したとしても、住民が「目の前の病床が削減され、5分で行けた救急が来年度から15分になります」と聞かされれば、不安や不満を持つのは当然である。いくら専門家が緻密なデータを駆使しつつ、「これが合理的な将来の病床数です」と説明しても、医療機関へのアクセスの悪化を恐れる患者や住民の不安には相応の合理性が含まれており、全ての人が「専門家の合理性」を受け入れるとは限らない。実際、「再編・統合に向けた議論が必要な公立・公的医療機関」として、424病院が「名指し」された件（第4章を参照）では、いくつかの新聞記事が「山奥のへき地からバスを乗り継いで来るお年寄りが、さらに大変になる」「救急搬送時に遠くの病院まで運ぶことになり、救える命も救えなくなるかもしれない」といった住民の不安を紹介していた（9月27日『東奥日報』『山梨日日新聞』）ほか、秋田県横手市では住民が署名活動を展開したと報じられていた（12月20日『秋田魁新報』）。

こうした住民の不安や不満を踏まえ、病院再編については、都道府県知事や市町村長、地方議員の関心も高く、選挙戦でも焦点になりやすい。実際、先に触れた「青森方式」の関係では弘前市立病院の統廃合が市長選の争点となった（2018年5月9日『日本経済新聞』）。

こうした形で政治的な対立が激化したり、選挙で焦点になったりすれば、「病院や病床を維持するか否か」だけが争点となり、「将来の医療需要減少にどう対応するのか」「在宅医療や医療・介護連携など高齢化に対応した医療提供体制をどう作っていくか」といった冷静な議論が難しくなり、地域社会に深刻な分断を招く危険性がある。

さらに、過剰な病床を維持する上での社会的なコストが可視化されていれば、「病床を維持する代わりに追加負担を強いられるけど、その負担と見合っているのか」という議論が可能だが、現時点では負担と給付の「見える化」は実現しておらず、過剰な病床を維持する方向に働きやすい。負担面の議論を伴わなければ、住民の医療ニーズは供給制約のギリギリで貼り付きやすく、「少しでもアクセスがいい」と思うのは当然の判断であろう。

次に、民間医療機関の経営者はどうだろうか。経営者の立場として、医師や医療従事者の雇用を維持しなければならない以上、「地域の人口動態や医療需要に関心を持ちつつ、「将来の姿に適応できる経営に変わって行かなければならない」と考えている経営者は少なくないだろうし、そうした人の危機感は数年で異動する自治体の担当者よりも大きいかもしれない。

それでも経営者から見れば、猫の目のように変わる診療報酬や国の方針に振り回されないようにする上では、現行制度の下で収益の極大化を図ろうとするかもしれない。そうなると、「最も診療報酬の単価が高い急性期を維持しなければならない」と考えたがる理由も理解できなくはない。さらに、国や都道府県から「急性期患者の受入実績が少ない『何ちゃって急性期だ』」と半ば名指しされても、「急性期を維持しなければ、医師を確保できない」と考えるのも一定程度、止むを得ない面がある。現実問題として、「数多くの症例を診られる急性期で経験を積みたい」と考える若い医師が多く、急性期を維持しなければ、医師を確保しにくい面があるためだ。

こうした経営判断は医療制度とも絡んでいる可能性がある。日本の医療制度では、患者が自由に医療機関を選べる「フリーアクセス」が採用されており、医療機関は患者獲得を巡る競争にさらされている。さらに、民間の開業医が病院に発展した歴史があるため、各医療機関の役割も不明確であり、診療所だけでなく大病院も外来を受け付けている。このため、「患者を獲得する上では、『フルセットで病床を維持したい』といった判断に傾きやすい。

こうした判断を理解する上では、医療サービスの特性を踏まえる必要がある。通常の財やサービスの場合、市場での競争は価格低下やサービス水準の向上といったプラス効果をもたらすが、医療の場合は患者―医師の間で情報格差が大きく、患者は医療の質をダイレクトに評価しにくい。そこで、患者が医療機関を選択する際、施設の大きや設備の豪華さなど外形的な情報に頼っている可能性がある。この結果、医療機関の競争が設備投資や人員配置を過度に充実させる方向に働きやすい。

以上のような特性を踏まえると、医療機関同士の競争が必要以上に投資を拡大させる方向に働き、医療費を増やしている可能性があり、こうした現象は冷戦期の米ソ軍拡競争になぞらえて、「医療軍備拡張競争（Medical Arms Race）」と呼ばれている。医療軍拡は１９７０年代頃からアメリカで議論され、近年では項目別（出来高）払いの下、高額な外科用医療ロボットを導入した地域では他の医療機関も同様のロボットを持ちたがる傾向が明らかになっている（“Are hospitals ‘keeping up with the Joneses’?”）

つまり、「相手が新型兵器を開発したから自国も軍備を増強する」という軍拡競争と同様、「競争相手が急性期を維持するのであれば、うちも維持しないと」という危機感が医療サービスを供給過剰に働かせ、過剰な病床が維持されやすい構造を作り出しており、地域医療構想に基づく病床削減が進まない理由を考える上で非常に役立つ。言い換えれば、医療機関経営者のマインドを軍拡から軍縮に切り替えなければ、議論が前に進まないことになる。都道府県や医療機関関係者などが集まる調整会議は差し詰め「軍縮交渉」の場といったところだろうか。

確かに医療軍拡という言葉は日本で余り使われておらず、医療機関の行動に関する実証研究も十分とは言えないが、地域医療構想の必要性に関する説明を見ると、いくつか医療軍拡に絡む議論が見られる。例えば、厚生労働省幹部は「共倒れや過当競争はやめていただきたい。（筆者注：中略）無駄の排除を含めて、（筆者注：地域医療構想は）効率的な医療をみんなで提供してくださいという大事なフレームワーク」と指摘している（2016年10月24日『m3.com』における迫井正深保険局医療課長インタビュー）ほか、「何もしなければ病院は共倒れになり、地域の人に迷惑をかける。協議しながら無駄を省いて連携することによって、安定的に医療を提供できないか。（筆者注：中略）言い方を変えると、許された談合」（『社会保険旬報』No.2626における西沢寛俊全日本病院協会長の発言）といった意見が出ていた。

こうした医療軍拡を止めることは決して容易ではなく、医療機関経営者の心理や行動を変える必要がある。さらに、異なる医療機関が統合する場合、かなり悩ましい問題が生じる。例えば、人事体系などの調整とか、職員の配置変更、雇用契約の解除、給与引き下げなどである。公立病院の場合、労働組合との合意で手間取ることも考えられ、そこには職員の生活や雇用の場が絡んでいるため、利害調整を考えないわけには行かない。このような関係者の判断が積み重ねられた結果、病床削減が進んでおらず、誰かを「改革に反対する抵抗勢力」などと悪者にして済む話ではない。

しかも、地域医療構想は制度化の時点で目的が曖昧になってしまった分、議論が混乱しやすい側面がある。具体的には、「過剰な病床の削減による医療費抑制」「切れ目のない提供体制の構築」という目的が混じった結果、政策の意図が国民に伝わりにくく、どちらの目的が重視されているのか判然としないまま、「地域医療構想の進捗が遅れている」といった意見が示されやすくなっていた。この曖昧さは地域医療構想を巡る議論が混乱しやすい遠因であり、次章で取り上げる。

【用語解説】

①医療計画制度

各都道府県が6年周期で策定する計画。医療費を抑制するため、病床過剰地域における上限設定を主な目的として導入された。

1980年代の制度導入後、段階的に拡充されており、現在はがん、脳卒中、急性心筋梗塞、糖尿病、精神疾患の5疾病と、救急医療、災害時における医療、へき地の医療、周産期医療、小児救急医療を含む小児医療（その他）の5事業及び在宅医療について、医療提供体制の方向性を定めている。地域医療構想についても、2014年の法改正を経て、医療計画の一部として策定された。

その後、2018年4月に改定された各都道府県の医療計画では、医療・介護の連携を強化する観点に立ち、見直し期限を5年から6年に延長することで、3年周期の介護保険事業計画と平仄を合わせられるようにしたほか、2017年3月までに作られた地域医療構想の内容を取り込んだ。

2024年4月開始の次期計画では、各都道府県が2020年3月までに策定した「医師確保計画」の内容も反映する。

②国民健康保険

日本の医療保険制度は年齢・職業で細分化されており、勤め人は被用者保険（健康保険組合、協会けんぽ、共済組合）に加入する一方、自営業者や農林水産従事者、非正規雇用者、退職者は国民健康保険に加入する。このため、国民健康保険加入者の平均年齢は相対的に高く、1人当たり医療費が大きい。さらに所得水準も低いため、慢性的な財政難に苦しんでおり、1980年代以降、都道府県の役割を拡大する是非が議論された。75歳以上高齢者を対象とした後期高齢者医療制度を2008年度に創設したのも、国民健康保険に集中する高齢者医療費の負担を減らす目的があった。

その後、2018年度から運営単位が市町村から都道府県に変わり、都道府県が財政運営の責任を持つことになった。その際、全国知事会は政府に財政支援を求め、消費税増税財源を含めて、計3400億円の追加支援が実施された。

第2章

2つの目的が混在している地域医療構想

不可思議なシンポジウムの情景

地域医療構想は何のための政策か——。これが本章の課題設定である。ここまで述べて来た通り、地域医療構想は将来の医療需要を病床数で計算し、その数をコントロールしようとしているため、病床削減のための政策と理解できる。ところが、厚生労働省は表向き、「地域医療構想は病床削減のための政策ではない」と説明していた経緯がある。このねじれこそ、地域医療構想の議論が混乱しやすい遠因であり、ねじれを表す典型的な事例として、2016年9月に都内で開催されたシンポジウムの情景を取り上げよう。

シンポジウムは地域医療構想をテーマに、厚生労働省の担当者に加えて、自治体の幹部、民間医療機関の経営者が次々と登壇する流れだった。その際、国から出向していた某県の部長は講演で、「枕を高くして寝たいので、3000床ぐらい削る見通しを作りたい」と述べた。つまり、病床数を減らすメドを早急に立てる旨を強調したのである。しかも、その前後に登壇した国・自治体の担当者も口々に「病床をどうするか」という説明を繰り返し、前半の議論は「如何に病床を減らすか」という点に集中した。

しかし、その後のパネルディスカッションで、登壇者の一人が「地域医療構想は病床削減のための政策ではないんです」と説明すると、会場は「あ、そう言えば、そうだった」という雰囲気に変わり、在宅医療などの話題が盛んに上った。そのためか、「枕を高くして…」という問題発言（?!）も、この後に公開された正式な議事録からバッサリ削除されていた（発言は筆者のメモと記憶をベースにしており、正確な言い回しとは言い切れない。しかし、上から目線の物言いに腰を抜かすほど驚いただけでなく、憤りを覚えた記憶があり、大意は間違っていないことを付記しておく）。

しかも、こうした不可思議な情景は1回だけではなかった。その後、地域医療構想をテーマにした勉強会や講演会に3～4回足を運んだが、大なり小なり同じような状況になった。つまり、「病床数をどうするか」を話し合っているのに、議論の中盤以降、病床削減を目的としないことが盛んに強調されるという奇妙な展開である。

では、こうした奇妙な展開はなぜ生まれたのだろうか。それは地域医療構想の目的が曖昧なことに起因する。実際、厚生労働省が２０１5年3月、都道府県向けに策定した「地域医療構想策定ガイドライン」を見ると、いきなり「経緯」から始まっており、目的が書かれていない。つまり、地域医療構想はスタート時点で目的が曖昧になっており、その目的を理解する上では、制度化のプロセスを詳しく見る必要がある。

具体的には、第1章で触れたような医療費の増加に対する危機感や、国際的に過剰な病床の解消を図る観点など、「過剰な病床の削減による医療費抑制」を重視した議論が先行したものの、その後になって「切れ目のない提供体制の構築」という別の目的が付加されたことで、地域医療構想の目的が曖昧になったのである。次に、地域医療構想の制度化のプロセスに立ち返りつつ、「過剰な病床の削減による医療費抑制」「切れ目のない提供体制の構築」という2つの目的が混在した様子を説明して行こう。

曖昧な地域医療構想の目的

第1章で触れた通り、地域医療構想の淵源は約10年前に遡る。2008年6月の社会保障国民会議中間報告では「過剰な病床の思い切った適正化」「疾病構造や医療・介護ニーズの変化に対応した病院・病床の機能分化の徹底と集約化」を指摘し、同年11月の最終報告と2009年6月の安心社会実現会議報告も「病床機能の効率化・高度化」、「医療機関の機能分担と集約」をそれぞれ規定した。

同様の議論は民主党政権期も継続し、自民党に政権が戻った後に取りまとめられた2013年8月の社会保障制度改革国民会議報告書も左記のように記していた。

急性期から亜急性期、回復期等まで、患者が状態に見合った病床でその状態にふさわしい医療を受けることができるよう、急性期医療を中心に人的・物的資源を集中投入し、入院期間を減らして早期の家庭復帰・社会復帰を実現するとともに、受け皿となる地域の病床や在宅医療・在宅介護を充実させていく必要がある。

つまり、急性期病床をスリム化し、受け皿となる病床や在宅医療を整備すると定めた。その上で、報告書は「川上に位置する病床の機能分化という政策の展開は、退院患者の受入れ体制の整備という川下の政策と同時に行われるべきものであり、川上から川下までの提供者間のネットワーク化は新しい医療・介護制度の下では必要不可欠」と記している。

ここで注目して頂きたいのは「川上」「川下」という表現である。病床を「川上」に位置付けており、病床削減の結果、そこから流れ出て来る患者を「川下」の地域で受け取る、そのための入退院支援や医療・介護連携が必要と強調しているのである。この言葉遣いこそ、地域医療構想に秘められた病床削減の思惑を如実に表していると理解できる。

少し私達の生活に置き換えて考えてみよう。患者が通常、医療機関とアクセスを持つのは入院医療に限らないし、予防、外来、入退院支援、薬局による調剤など多岐に渡る。むしろ、患者から見れば、日常的な疾病やケガに対応する医療が「川上」であり、「川下」が入院医療である。それにもかかわらず、報告書は病院を「川上」、地域を「川下」と形容しており、住民の生活の場である地域は「病床削減後の受け皿」と位置付けられている。もちろん、入院患者を受け入れるための病院・診療所連携や、在宅生活を支える医療・介護連携は必要な施策だが、素朴な生活の感覚に立つと、病床を「川上」、暮らしの場を「川下」と形容する言葉遣いは理解しにくいと言わざるを得ない。

以上のような経緯や言葉遣いを見ると、地域医療構想が病床削減、特に急性期の削減に力点を置いていたのは明白である。実際、地域医療構想のスキームは病床数にクローズアップしており、地域医療構想の根拠を定めている医療法も省令に基づいた計算式を使い、病床の機能区分ごとの将来の病床数の必要量（必要病床数）を定めるとしている。この結果、病床の現状と2025年の必要病床数を比べることになるため、病床の余剰または不足割合が注目され、「病床数ありき」の議論に傾きやすい。

つまり、制度の基本的な考え方として、「病床に関する需給ギャップを明らかにし、如何に病床削減を進めるか」という点が存在するのは否めない。ここでは、「どれだけ病床を削減できたか」が主に問われることになる。

「惑星直列」による都道府県の役割強化

こうした期待の下、2018年度は「惑星直列」と呼ばれる制度改正が一斉になされ、医療行政に関する都道府県の役割が強化された。これは惑星が一斉に並ぶように制度改革が2018年4月から実施されたことを指しており、その主な内容は**図表16**の通りである。具体的には、医療分野では2年に1回のサイクルで見直される診療報酬の改定に加えて、都道府県が5年ごとに策定する医療計画（2018年度の計画から6年ごとに変更）が見直し時期を迎えた。この時、地域医療構想の内容は医療計画に取り込まれた。

図表16　「惑星直列」と称された2018年度の制度改正

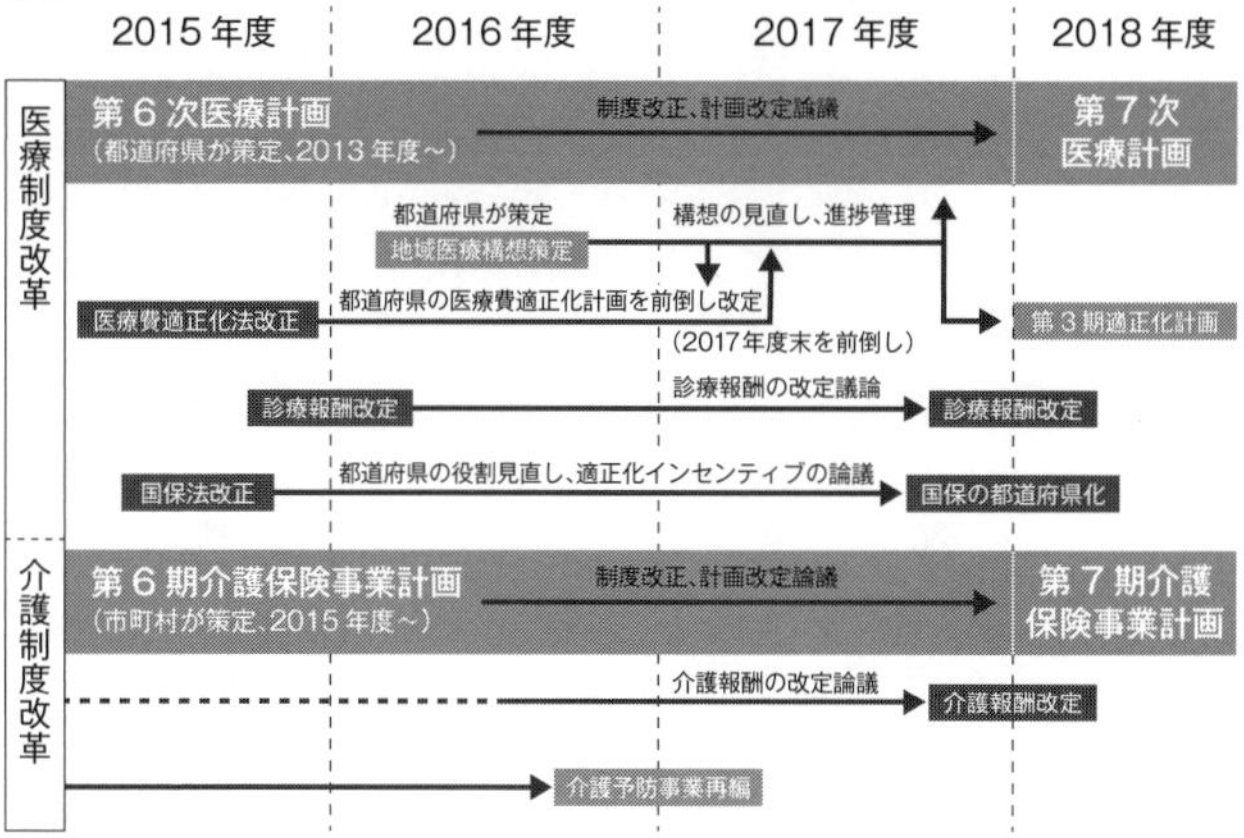

（出典）　厚生労働省資料を基に作成

さらに、平均在院日数の削減などを目指す都道府県の医療費適正化計画（用語解説③を参照）が前倒しで改定された。その上に、自営業者や会社を退職した高齢者が加入する国民健康保険についても、財政運営の単位が市町村から都道府県に変更され、1961年の国民皆保険以来の大改正とされた。

このほか、あまり詳しく述べないが、介護保険に関しても、3年に一度の介護報酬改定と介護保険事業計画の改定と重なり、医療・介護制度について、かなり大規模な制度改正が同時期に実施されたことになる。ここで注目すべきは医療制度に関して、「医療行政の都道府県化」という明確な方針が示された点である。実は、同様の傾向については、「大きな流れとして供給も保険の費用負担も（注：都道府）県単位に考えるのが適当」（2008年

10月2日記者会見における厚生労働省の江利川毅事務次官の発言）といった形で、10年ほど前から示されており、様々な制度改正が実施されてきた。例えば、協会けんぽの保険料は都道府県単位となったほか、全市町村で構成する後期高齢者広域連合が同じく都道府県単位で発足していた。さらに先に触れた通り、国民健康保険の都道府県化は三位一体改革を含めて間断なく議論されており、2018年度の都道府県化は総仕上げと位置付けられる。つまり、様々な制度改正を通じて、医療行政の都道府県化は少しずつ進められて来たが、「惑星直列」の制度改正を通じて、その傾向が一層、明確になったのである。

2013年8月に公表された社会保障制度改革国民会議報告書では、医療行政の都道府県化について左記のように定めている。

効率的な医療提供体制への改革を実効あらしめる観点からは（略）地域における医療提供体制に係る責任の主体と国民健康保険の給付責任の主体を都道府県が一体的に担うことを射程に入れて実務的検討を進め、都道府県が地域医療の提供水準と標準的な保険料等の住民負担の在り方を総合的に検討することを可能とする体制を実現すべきである。

つまり、地域医療構想の制度化を通じて医療の提供体制を都道府県主導で見直す一方、国民健康保険の改革を通じて、都道府県に財政運営の責任を持たせることで、両面で医療制度

図表17 財政審で示された医療行政の都道府県化のイメージ

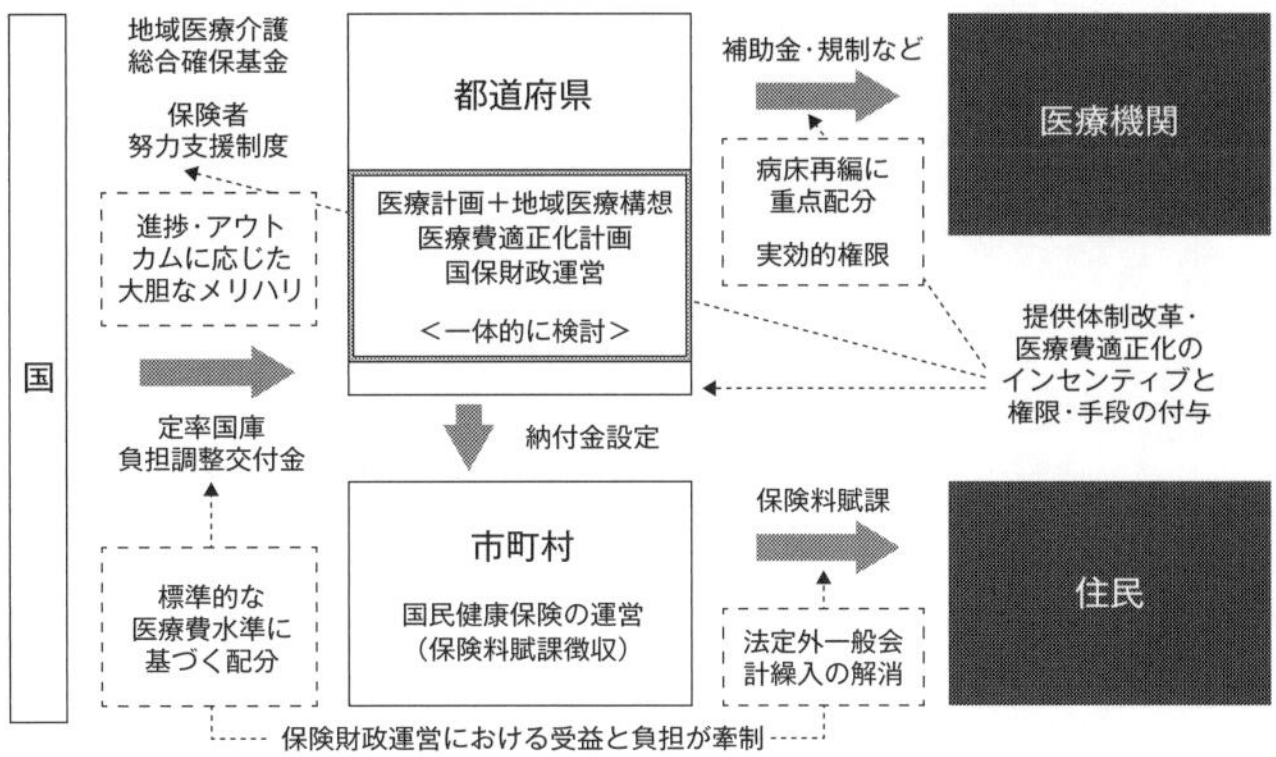

（出典）　2017年10月25日財政制度等審議会資料を基に作成

の効率化を図ろうという思惑が見て取れる。

こうした思惑を明確に示したのは財政制度等審議会（財務相の諮問機関、以下、財政審）である。2017年10月の議論では、**図表17**のような資料が示され、地域医療構想と医療計画、国民健康保険の都道府県化、医療費適正化計画を「3点セット」のように位置付け、都道府県が医療行政における「司令塔」になるよう求めた。

煩雑になり過ぎないように少し解説しよう。まず、地域医療構想と医療計画を通じて、定量的な病床数の把握、慢性期に入院する患者の在宅移行の推進を図るとしており、医療費の抑制に関して都道府県が役割を果たせるようにするため、地域医療構想に基づく病床削減に向けた一層の権限強化や、地域の実情に応じて都道府県別に診療報酬を設定する特例の活用などを促した。さらに、こうした都道府県の取り組みを促すインセンティブとしても、①地域医療介護総合確保基金の配分について、病床削減の進捗に応じて分配する、②医療費の抑制など成果指標に応じて、国民健康保険の「保険者努力支援制度」を分配する――といったテコ入れ策も訴えている。

ここで言う地域医療介護総合確保基金とは、第1章で述べた通り、地域医療構想の推進に際して「アメ」として用意された補助制度であり、その配分を病床削減の進捗に応じて分配することで、都道府県にハッパを掛けようというアイデアだった。もう1つの保険者努力支援制度とは、健康づくりなど医療費適正化に取り組む自治体を財政的に支援する制度を指す。こちらは国民健康保険の都道府県化に際して導入され、2020年度予算時点では約1500億円が糖尿病の重症化予防、後発医薬品の使用促進、健診の実施率などの基準で各都道府県、市町村に分配されている。

下は主に国民健康保険に関する部分である。都道府県化に際しては、赤字補てんを目的とした一般会計繰入が制限される結果、負担と給付の関係が明確になり、住民に対して「医療費を多く使えば保険料の負担が重くなる」「逆に医療費を節約すれば保険料の負担が減る」といった選択を求めやすくなると期待されていた。これを財務省の資料では「受益と負担の牽制」という表現を用いている。

つまり、医療保険財政と提供体制改革の両面で都道府県の権限を強化することで、住民にとっての負担と給付の関係を明確にしつつ、増加する医療費を抑制しようという主張である。

２０１７年6月に閣議決定された骨太方針でも「医療費・介護費の高齢化を上回る伸びを抑制しつつ、国民のニーズに適合した効果的なサービスを効率的に提供することを目指す」とし、「都道府県の総合的なガバナンス」を強化すると定めた。２０１９年12月に公表された全世代型社会保障検討会議の中間報告でも、医療行政における都道府県の役割について踏み込んだ議論が必要との認識が示されていた。

ここまでの記述を見れば明らかであろう。地域医療構想は単に病床コントロールだけでなく、医療行政の都道府県化という大きな流れの中で、給付抑制の手段として位置付けられているのである。より具体的に言えば、財務省や経済財政諮問会議は国民健康保険の改革とリンクさせつつ、「地域医療構想の推進→病床削減→医療費抑制→国・地方の財政健全化」という経路を期待している。

日本医師会の主張

しかし、厚生労働省は表向き、地域医療構想を病床削減のための政策と認めていない。内閣官房に設置された「医療・介護情報の活用による改革の推進に関する専門調査会」が２０１５年6月、地域医療構想の策定に先立って病床数を試算した際、メディアが「◎◎床削減」などと伝えたため、厚生労働省は試算公表の3日後、都道府県に対して「単純に『我が県は◎◎床削減しなければならない』といった誤った理解とならないようにお願いします」という通知を出した。これに代表される通り、当初段階で重視されていた病床削減の要素は制度化のプロセスで薄まるとともに、「切れ目のない提供体制構築」という新たな目的が付加された。その背景には制度化プロセスにおける日本医師会の主張を見逃すことはできない。

そこで、日本医師会の主張、あるいは厚生労働省との交渉経過を振り返ると、地域医療構想で重視されていた急性期病床を圧縮する観点に立ち、厚生労働省は2011年11月の社会保障審議会（厚生労働相の諮問機関）医療部会で、「急性期病床群」（仮称）の新設を提案した。これは人員配置や構造基準を設定することで、クリアした病床だけ急性期として認定しようというアイデアだった。これに対し、日本医師会は「急性期医療をできなくなる地域が生まれるのでは」と懸念した。そこで、厚生労働省は2012年4月、急性期の登録制度を提案したが、これにも日本医師会は「実質的に認定と変わらない」と反対した。

実際、日本医師会の中川俊男副会長の発言を載せた雑誌記事（『病院』74巻8号）を見ると、中川副会長は「（注：社会保障国民会議報告書で）急性期に医療資源を集中投入する方針が示され、これにNOと言いました」と述べた上で、国との調整プロセスを明らかにしている。具体的には、急性期の認定制度案に対しては、「認定される施設とされない施設では診療報酬で大きな差がつき、特に地方では急性期医療が提供できなくなると反対した」と述べたことを明らかにし、登録制度に対しても「登録でも要件があるはずだから認定と変わらないと（注：

反対した）」としている。

さらに、その理由としては、「急性期だけでなく慢性期・在宅まで切れ目なく（注：提供することが）大事であって優劣はないと一貫して主張した」とし、日本医師会の対案として、関係者が相談し合いつつ実情に応じて医療のビジョンを地域ごとに作成することが提案され最終的に制度化されたと説明している。

つまり、この経緯や記述を見ると、日本医師会との調整プロセスを経て、「過剰な病床の削減による医療費抑制」という当初の目的が薄まるとともに、「切れ目のない提供体制の構築」という目的が加わったことを示している。

2つの目的が混じった意味合い

しかし、これは望ましい軌道修正だったと言える。医療制度改革に際しては、一般的にコスト、質、アクセスの3つを同時に満たすのは難しいとされており、「鉄のトライアングル」と呼ばれる（"Medicine's Dilemmas"）。このため、医療制度改革を語る時、「過剰な病床の削減による医療費抑制」というコスト面の議論だけでなく、「切れ目のない提供体制の構築」というアクセスの側面が加味されたこと自体、議論の幅が広がったと言える。

しかも、高齢化に伴う医療需要の変化に対応する際、切れ目のない提供体制の構築は欠か

図表18 50年で変わった日本人の死因（人口10万人当たりの死者数）

	全結核	脳血管疾患	肺炎、気管支炎	胃腸炎	悪性新生物
1950年	146.4人	127.1人	93.2人	82.4人	77.4人

1957年以降、上位5位のランク外に

	悪性新生物	心疾患	肺炎	脳血管疾患	老衰
2016年	298.3人	158.4人	95.4人	87.4人	74.2人

（出典）　厚生労働省「人口動態」を基に作成

せない。その一例として、日本人の疾病構造が大きく変わった点を踏まえる必要がある。人類を長く苦しめたのはペストや天然痘、コレラなどの感染症であり、**図表18**の通り、多くの日本人を死に至らしめていた病気は敗戦直後、「国民病」と呼ばれていた結核だった。この状況では、健康とは「病気がない状態」、不健康とは「病気がある状態」を意味しており、その差は明確だった。

しかし、公衆衛生の改善や特効薬の開発などを受けて、結核による死亡者の比率は高度成長期に下がり、現在は悪性新生物（がん）、心疾患、肺炎、脳血管疾患が上位にランクしている。こうした中、メンタル面で苦しむ人が多くなったり、高齢者人口の増加で複数の疾患を持つ人が増えたりしたため、「がんや糖尿病などの病気と付き合いつつ、普通に生活している人」「外見は健康だけど、メンタルで不具合を感じている人」といった形で、何らかの形で病気や障害と付き合いつつ生活している人が増えている結果、「健康」「不健康」の線引きが曖昧になっている。典型例は認知症ケアであり、現在の医学では認知症の予防や根治が不可能である以上、生活を支える医療への転換が求められている。

実際、日本の医療制度に関して、ＯＥＣＤが２０１４年11月に公表した報告書では、▽高齢化の進展に伴って複数の疾病を持つ人が増え、一部は健康面の弱さや社会的孤立に悩む、▽高齢者の受診率が高く、一部病院のデータでは、計画外の再入院率が増加しており、地域社会のサービスが適切なケアの提供に四苦八苦している可能性がある――とした上で、切れ目のない一貫した医療提供体制が必要としている（「医療の質レビュー日本スタンダードの引き上げ評価と提言」）。

これは私達の生活から発想すれば当然、考えなければならない論点であることに気付く。地域医療構想の病床推計では、慢性期病床に入院する患者の30％が在宅に移行する前提に立っているが、医師や看護師によって生活が管理される病院と異なり、在宅での療養生活は自由度が高く、医療・介護・福祉の境目が曖昧である。例えば、午前10時から30分間、医師が訪問診療に来て、体調などを尋ねられ、その30分後に自宅を訪ねた訪問看護師からも同じことを聞かれ、午後イチで来たケアマネジャー（介護支援専門員）にも同じことを話す羽目になれば、患者や家族はウンザリするだろう。

つまり、在宅を中心に高齢者などの生活を一貫して支える上で、切れ目のない提供体制の構築は不可欠である。その意味では、地域医療構想の説明について、「過剰な病床の削減によ

図表19 混在する地域医療構想の目的のイメージ(人口10万人当たりの死者数)

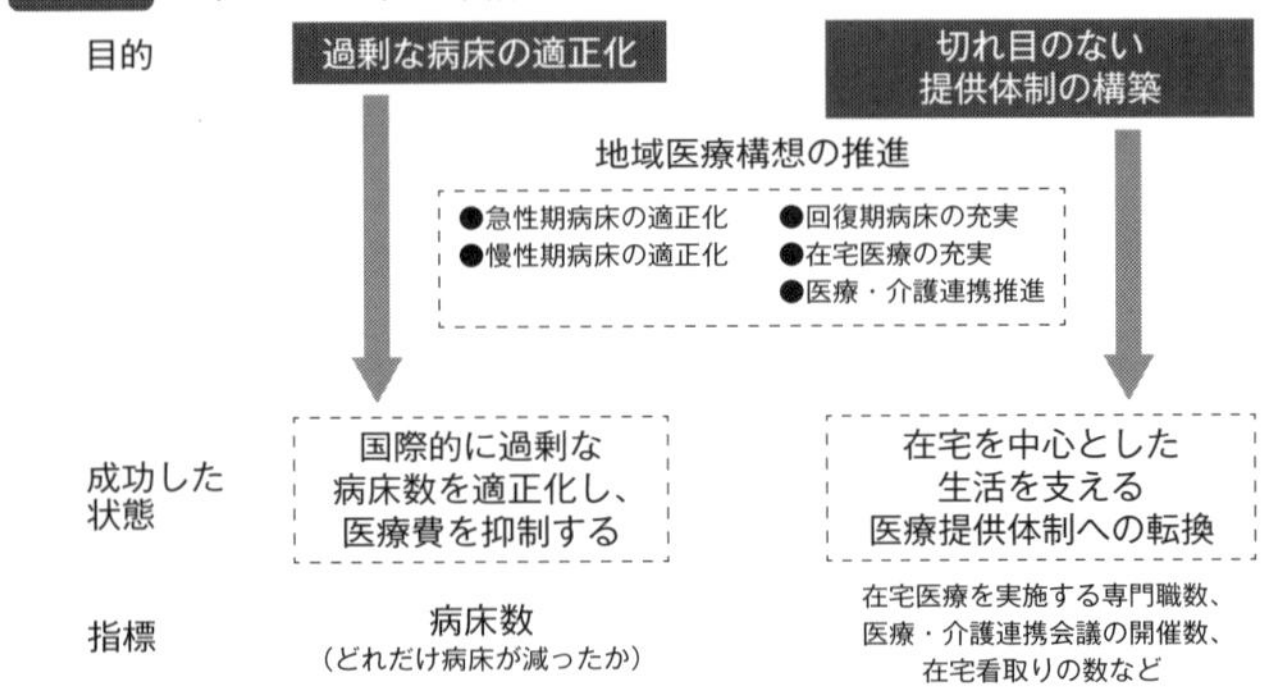

(出典)　各種資料を基に筆者作成

る医療費抑制」「切れ目のない提供体制の構築」という2つの目的が混じったこと自体、それほど悪いこととは言えない。

策定時点での都道府県の対応分析

しかし、その結果として政策の目的が国民に伝わりにくくなり、目的が曖昧になったのは事実である。このため、議論の混乱を避ける上では、「今の議論は2つのどちらを重視しているのか」と意識することが常に必要になる。**図表19**の通り、地域医療構想の推進で実施される施策の内容、目指すべきゴールである成功した状態、進捗を図る際の評価指標が異なるため、2つを区分して議論する必要がある。

具体的には、左側の「過剰な病床の削減」を目指すのであれば、その成功した状態は「国際的に過剰な病床数を適正化し、医療費を抑制する」ことになり、成功したかどうか把握する指標は病床数の削減幅や医療費の抑制額になる。

一方、右側の「切れ目のない提供体制の構築」では、「在宅を中心とした生活を支える医療提供体制への転換」が重視されることになり、それが成功したかどうかチェックする際の指標は病床数ではなく、在宅医療を実施する医師や訪問看護師の数、医療・介護連携会議の開催数、在宅看取りの数などになる。少なくとも2つの軸を同時に論じれば、政策として目指すべき方向性が見失われることは間違いない。

では、現場を預かる都道府県はどちらの目的を重視しているのだろうか。2017年3月までに策定された地域医療構想の文言や策定プロセスを精査すると、その傾向が浮き彫りになる。結論から言えば、都道府県は「過剰な病床の削減による医療費抑制」よりも、「切れ目のない提供体制の構築」を重視していた。それを次章で詳しく考えることにする。


【用語解説】

③医療費適正化計画
都道府県別医療費の地域差縮減などを目指して、2008年度にスタートした計画。国の全体計画に加えて、都道府県が6年周期で策定している。計画は平均在院日数の削減による医療費抑制をターゲットに据えており、生活習慣病を抑制する特定健康診断・特定保健指導（通称、メタボ健診）の実施が中心に据えられてきた。つまり、「メタボ健診の実施→生活の習慣病の抑制→平均在院日数の削減」という経路が期待されている。

ただ、効果を示すエビデンスは得られていない。そもそもメタボ健診と医療費適正化計画が持ち上がったのは、2005年に医療保険制度改革（実施は2008年度）が議論された際、経済財政諮問会議のドラスティックな改革案に対抗するため、対案が必要とされたためである。実際、「従来の腰だめ的な医療費適正化対策で対応せざるを得ないことをカモフラージュする必要があった」（『社会保障改革の立法政策的批判』）などの悪評が出ている。2018年度改定では、地域医療構想に基づく提供体制改革を反映する形になり、部分的に強化されたほか、医療計画と同様、計画策定年次が5年から6年に見直された。

第3章

どちらの目的を都道府県は重視したのか

策定時点での都道府県の対応

医療政策に限らず、1つの作戦に2つの目的を混じらせると、現場は混乱する。その典型例が太平洋戦争の転換点となった1942年6月のミッドウェー海戦であろう。初の本土空襲に慌てた日本海軍は防衛ラインを東に伸ばすため、ミッドウェー島の攻略を目論んだが、前年の真珠湾攻撃の際に撃ち漏らしたアメリカ機動艦隊の撃滅という目標も付け加えた。その結果、ミッドウェー島の攻略を優先すべきか、敵機動艦隊の撃滅を重視すべきか、現場の司令官は判断に迷い、空母の艦載機の装備に関する命令は「空母の攻撃用に使う魚雷→島の攻略で使う爆弾→空母の攻撃用に使う魚雷」と二転三転した。その間、日本海軍は戦機を逸しただけでなく、空母内は大混乱に陥り、その隙に米軍戦闘機からの攻撃を受け、最終的に「虎の子」の空母4隻を一度に失う大敗北を喫するに至った（『失敗の本質』）。

では、地域医療構想はどうだろうか。「過剰な病床の削減による医療費抑制」「切れ目のない提供体制の構築」という2つの目的が混在する中、策定主体である都道府県はどちらの目的を重視したのか――。これが本章の主な内容であり、2017年3月までに都道府県の地域医療構想が出揃った時点の対応を考える。

図表20 必要病床数が削減目標ではない旨を明記したかどうか

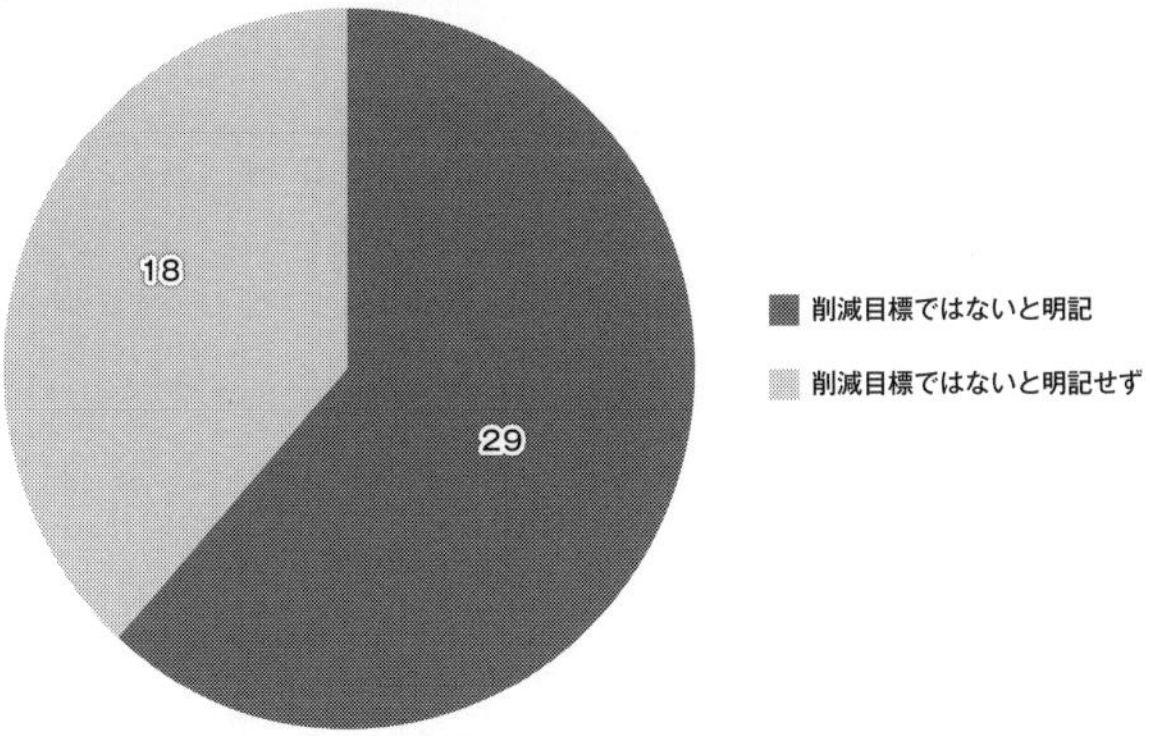

（出典）　各都道府県の地域医療構想を基に作成
（注）　「強制的に削減するものではない」「機械的に当てはめない」といった表現を特記しているケースを「あり」と見なし、地域医療構想の一般的な説明として「自主的な判断」と書いている場合は「あり」にカウントしていない。

過剰な病床の削減に向けた都道府県の対応

①必要病床数や知事の権限に関する言及

まず、都道府県のスタンスは2025年時点の必要病床数について表れている可能性が想定される。もし都道府県が「過剰な病床の削減による医療費抑制」という目的を重視しているのであれば、地域医療構想を策定する際、必要病床数を1つのターゲットとして、病床削減に向けた姿勢や努力を見せることが予想されるためだ。

だが、地域医療構想の文言を精査すると、**図表20**の通りに29道府県が「強制的に削減しない」「機械的に当てはめない」などの表現を用いつつ、必要病床数が削減目標ではないことを明示していた。この背景には、日本医師会に対する配慮があったと推察される。日本医師会は必要病床数を削減目標ではない旨を明記していない構想が見られる点を早くから問題視していた（2016年9月20日『日医News』）。こうした中、地元医師会を中心とする医療機関関係者との関係が悪化すると、「切れ目のない提供体制の構築」というもう1つの目的達成が困難になるため、都道府県が病床削減に消極的だった様子が窺え、病床削減に向けた都道府県の主導性を求める政府とは明らかに異なるスタンスを取っていたことになる。

次に、地域医療構想に際して「強化」された都道府県の権限に関する言及である。もし都道府県が「過剰な病床の削減による医療費抑制」に前向きであれば、権限行使をちらつかせつつ、地域の医療機関との交渉に臨むかもしれない。そこで、地域医療構想の文言をチェックしたところ、強化された権限に言及したのは11道府県にとどまった。第1章で触れた通り、知事の権限について、厚生労働省幹部は「懐に忍ばせた武器」と形容していたが、都道府県は「武器」をちらつかさず、地域医療構想の策定や医療機関との調整に臨んだと理解できる。

②国民健康保険改革や医療費適正化計画とのリンク

都道府県が「過剰な病床の削減による医療費抑制」という目的を重視している場合、2018年度の国民健康保険の都道府県化や、医療費適正化計画の改定との関係を意識することが考えられる。前者は財政運営の責任主体、後者は医療費を抑制する主体として、いずれも都道府県の主導性発揮が期待された制度であり、地域医療構想と関係付けようとしているか探ることで、病床削減による医療費適正化に向けた都道府県のスタンスを把握できると考えられる。分かりやすく言えば、財政審が重視する「3点セット」に対するコミットメントである。

そこで、各都道府県の地域医療構想を見ると、国民健康保険の都道府県単位化に言及したのは奈良県と佐賀県の2県、医療費適正化計画に言及したのは10都府県にとどまった。このうち、佐賀県は末尾の工程表に国民健康保険改革に言及しているに過ぎず、3つを明確にリンクさせたのは実質的に奈良県だけだった。

ここで、奈良県の地域医療構想を見ると、「地域医療構想の策定は社会保障改革の一環であり、医療費適正化計画の推進や、国民健康保険の財政運営とともに都道府県が一体的に取組を進める必要があります」としている。こうした文言が盛り込まれた背景としては、3点セットをリンクさせた改革を進めようとする荒井正吾知事のスタンスが影響していた。

例えば、荒井知事は2015年9月のシンポジウムで、「(筆者注：3点セットの)3つは関係している。高度医療、看取り、終末期医療、頻回受診、頻回薬剤投与など議論が進んでいない分野がある。地域でそのようなことを探求していくことも可能」と述べていた(『医療経済研究』Vol.28 No.1)。

しかし、こうした事例は極めて少数であり、都道府県が地元医師会や医療機関関係者の反発を恐れ、病床削減や医療費適正化を想起させるテーマを避けた可能性が高い。

つまり、地域医療構想に混在する2つの目的のうち、「過剰な病床の削減による医療費抑制」という目的について、地域医療構想を作った時点の都道府県は消極的だったと言える。その結果、病床削減を重視する財務省や経済財政諮問会議との間では温度差が見られたと言える。

切れ目のない提供体制構築に向けた都道府県の対応

①かかりつけ医と総合診療医の言及

では、もう1つの「切れ目のない提供体制の構築」という目的について、どんな対応を都道府県は取ったのだろうか。切れ目のない提供体制を構築する上で、在宅ケアの充実や医療・介護連携など住民の日常的なニーズに対応しつつ、生活を支える視点が重要になる。

しかし、地域医療構想は病床数の議論になりがちであり、言わば病床という医療提供体制のごく一部を議論することで、医療提供体制の全体を変えようとする欠点を持っている。このため、国の議論、中でも「過剰な病床の削減による医療費抑制」を重視する財務省や経済財政諮問会議の議論では、住民の生活を支える視点を欠いている。

これに対し、生活を支える医療サービスの充実について、地域医療構想を策定した時点では都道府県に前向きな姿勢が見られた。具体的には、37都道府県が日常的な医療ニーズに対応する医師である「かかりつけ医」または日常的な疾病やケガに対応する「プライマリ・ケア」の専門医として全人的・継続的な医療を担う総合診療医に言及していた（用語解説④を参照）。さらに、両者に期待する役割としては、（a）患者が病状に応じて適切な医療機関を選べるようにする支援、（b）疾病管理や生活習慣病対策を含めた予防医療、（c）在宅医療の充実、（d）病院・診療所連携、（e）医療・介護連携、（f）過疎地医療――などに整理可能であり、いずれも住民にとって身近な日常生活をカバーする医療を想定していたと言える。

その一例は**図表21**の通りである。このうち、慢性期病床数が全国で最も多く、受け皿体制の整備が求められている高知県の地域医療構想では「日常的な医療」の強化に取り組む方針を示していた。高知県は人口比で見た病床数が日本で一番多く、中でも療養病床の多さが突出しているが、慢性期の削減は在宅医療だけでなく、日常生活に近い医療提供体制の整備が求められる。そこで、高知県の地域医療構想は東部、中央、高幡、幡多の4つの構想区域のうち、最も人口が多い高知市を中心とした中央区域の下に、保健所ごとに4つの「サブ区域」を設定し、保健所を拠点に市町村や関係者と連携しつつ、かかりつけ医機能や福祉・介護との連携、リハビリテーション、退院調整などの「日常的な医療」の強化を図るとした。

北海道の地域医療構想も受け皿づくりに前向きな姿勢を示しており、その特色の1つとして住まいに注目していた。北海道は面積が広大な上、豪雪地帯が多く、この状況で訪問診療

図表21　都道府県の地域医療構想における、かかりつけ医や総合診療医の言及

北海道　高齢化の更なる進展に伴い、複数の疾患を抱える患者の増加が見込まれる中、総合診療医は、その学術的な専門性を背景に他の領域別専門医や多職種と連携し、地域の医療、介護、保健等の様々な分野において地域のニーズに対応できる重要な役割を担うことが期待されています。

青森県　へき地医療を担う総合診療医の養成が必要です。

秋田県　住民が地域医療を理解し、その中で自分に合った医療・介護サービスを自ら選択できるよう、医療機関の役割、かかりつけ医、かかりつけ歯科医、かかりつけ薬局、在宅医療、看取り、介護サービス、医療・介護相談窓口等について啓発に努めます。

千葉県(1)　患者が住み慣れた自宅や地域で安心して療養生活を送れるよう、患者との信頼関係に基づいて、日頃の健康管理から医療機関の紹介、在宅療養の支援等を担う「かかりつけ医」を中心とした在宅医療提供体制の整備を図ります。

千葉県(2)　高齢化の更なる進展に伴い、複数の疾患を抱える患者の増加が見込まれるなか、総合診療専門医は、他の領域別専門医や他職種と連携し、地域の医療、介護、保健等の様々な分野において地域のニーズに対応できる重要な役割を担います。そのため、総合診療専門医の育成と医療現場への配置を進めます。

福井県(1)　患者の紹介や逆紹介の促進、開放病床の利用など、地域の中核的な病院とかかりつけ医の役割分担と連携を推進します。

福井県(2)　かかりつけ医をはじめ、急性期から回復期、慢性期までの医療機関の役割分担と連携に対する県民の理解を深め、適切な受療行動を促進するため、各種媒体を通じた広報や情報提供を行います。

長野県　病院への患者の集中を防ぐため、かかりつけ医・かかりつけ歯科医の普及を推進します。

静岡県(1)　住民に身近なところで日常的な医療サービスを提供する機能を担うかかりつけ医と地域医療支援病院との連携強化を通じて地域医療の確保を図ります。

静岡県(2)　(注：認知症対策で) 地域における連携体制の構築を図るため、かかりつけ医を対象に、日常診療における認知症の早期段階での気付きや家族への適切なアドバイス等を行うための研修を実施するとともに、かかりつけ医への助言・支援、専門医療機関や地域包括支援センターとの連携の推進役となる「認知症サポート医」を養成及び支援します。

岡山県　急性期医療機関・回復期医療機関・かかりつけ医の医療連携の推進を図ります。

広島県　糖尿病対策については、病気への正しい理解と健康管理の推進や特定健診などの受診率向上、かかりつけ医と専門的医療機関の効果的な医療連携体制を構築する必要があります。

愛媛県　特に疲弊の激しい救急医療を維持・確保するため、かかりつけ医を持つことを推奨するとともに、救急医療の適正受診について普及啓発を行います。

熊本県　(注：県民の役割として) かかりつけの医師、歯科医、薬局を持ち、地域の医療提供体制に関する情報を得ながら、症状に応じた必要な医療を受けるなど、限りある医療資源を有効に活用できるよう、医療に関する適切な選択を行い、医療を適切に受けるよう努めます。

（出典）　各都道府県の地域医療構想を基に作成

や訪問看護を導入しようとしても、医療機関から自宅までの往復時間が極端に長くなり、採算が悪くなる可能性がある。このため、都会で想定されているような在宅医療は現実的とは言えない。そこで、国民健康保険病院の3階部分を改修し、高齢者向けの賃貸住宅である「サービス付き高齢者向け住宅」に転用した奈井江町などの取り組みを紹介しつつ、集住の選択肢を含めた居住環境を確保する重要性を強調した。

つまり、2つの目的が入り混じっている地域医療構想が「病床数ありき」の議論に傾きがちな中、これらの記述は、切れ目のない提供体制の構築に向けた都道府県の積極的な姿

勢と受け止めることが可能であろう。

②構想策定プロセスにおける関係者との連携

次に、地域医療構想の策定プロセスを見てみよう。都道府県が切れ目のない提供体制の構築に向けた対応策を考える際、どういったメンバーと連携するであろうか。日本の医療提供体制は民間中心であり、在宅医療の提供や医療・介護連携、病院・診療所の連携などを進めようとすれば、民間医療機関の協力が不可欠である。

さらに在宅ケアにおける医療・介護の境目は曖昧であり、医療と介護の連携が欠かせない。具体的には、医師や看護師、リハビリテーション職といった医療職だけでなく、介護事業所や社会福祉協議会、市民組織など広範な主体が関わる。もちろん、介護・福祉行政を担っているのは市町村であり、地域医療構想の推進主体である都道府県との連携は不可欠である。

実際、国の地域医療構想策定ガイドラインでも、構想の策定に際して多くの関係者との協力が重要と指摘していた。具体的には、地域医療構想を検討する際の留意点として、「(筆者注：地域の医療提供体制に関する) 住民の理解を深めるとともに、市町村や地域社会を巻き込んだ、医療だけではない地域全体としての取組が求められる」と定めていた。さらに、関係する職種として、医師、歯科医師、薬剤師、看護職員、リハビリテーション職、医療ソーシャルワーカー、介護、福祉（児童、障害など）、教育、就労支援などを列挙し、「幅広い視点で地域医療を捉えるとともに、関連する法・制度や関係団体の取組を活用することも含めて検討することが適当」という考えを示していた。

そこで、地域医療構想の策定に際して、都道府県が関係者の参画をどこまで意識したか調べた。具体的には、左記のプロセスで検証した。

①各都道府県の地域医療構想に出ている文言や資料、ウエブサイト（2017年3月31日現在）に掲載された議事録などを通じて、「実質的な検討の場」を設定し、「実質的な検討の場」に名を連ねている参加者の顔触れをチェックする。

②地域医療構想に限らず、医師会関係者は地域の医療政策に関する検討の場に参加しているケースが多いことを考慮し、委員枠として確保されているかどうかではなく、医師会関係者が検討の場のトップに就いているかどうかを検証した。

③右のプロセスを進める際、（a）地域医療構想に掲載されている委員名簿、（b）名簿が掲載されていたとしても、トップが判別できない場合は議事録、（c）委員名簿が掲載されていない場合はウエブサイトの資料または議事録――という順番でチェックした。

このうち、①の「実質的な検討の場」は地域医療構想の制度上、公式に位置付けられた仕組みではない。しかし、都道府県の策定プロセスを細かく見ると、全域をカバーする専門的な検討組織（例：専門部会）を「医療審議会」（都道府県知事の諮問機関）の下に置くパターンだけでなく、構想区域単位で実質的に議論したケースも見受けられたため、都道府県全域の会議の開催頻度が極端に少ない場合、構想区域単位の会議を「実質的な検討の場」と位置付けた。その結果、A県のａ区域とｂ区域で構成メンバーが大幅に異なった場合、定量化が難しくなるが、管見の限りでは極端に異なるケースはなかったため、定量化に際して調整した。

前置きが長くなったが、集計の結果が**図表22**である。まず、最大の関係者である地元医師会を見てみよう。検討の場のトップの氏名や所属先、肩書などが判明しなかった15府県を除く32都道府県のうち、24都道県で医師会関係者がトップを務めていた（8つの構想区域のうち5構想区域で医師会関係者がトップだった秋田県も含む）。つまり、切れ目のない提供体制の構築に向け、地元医師会と連携・協力を図ろうとする都道府県が多かったことを指摘できる。

さらに、介護・福祉関係者の委員枠が実質的な検討の場で確保されているかどうか検証すると、構想の内容やウエブサイトを通じて委員名簿を把握できた41都道府県のうち、22道府県が介護・福祉関係者の委員枠を確保していた（「実質的な検討の場」が区域単位となった兵庫県では、10区域のうち4区域で社会福祉協議会の関係者らが参加しており、「ＹＥＳ」に含めた）。その顔触れとしては、老人保健施設や居宅介護支援事業所、地域包括支援センター、社会福祉協議会の関係者が多く、切れ目のない提供体制の構築に向けて、半分程度の都道府

図表22 各都道府県の地域医療構想策定プロセスにおける関係者の参加度合い

単位：都道府県数

	Yes	No	不明
医師会関係者がトップか	24	8	15
介護・福祉関係者が参加していたか	22	19	6
市町村関係者が参加していたか	36	5	6
住民団体が参加していたか	19	22	6

（出典）　各都道府県の地域医療構想、ウェブサイトを基に集計・作成

（注1）　構想やウェブサイトの検証を通じて、①「実質的な検討の場」を設定、②委員名簿など構成メンバーを検証、③医師会関係者は必ず入っていることが予想されるため、検討の場のトップに就いているかどうか検証―という手法を取った。このうち、①については、都道府県全域をカバーする専門的な検討組織（例：専門部会）を医療審議会の下に置いている場合、これを検討の場と見なし、その開催頻度が少ない場合、構想区域単位の会議を検討の場と位置付けた。

（注2）　「不明」は構想、ウェブサイト、議事録などを通じても判明しなかったケース。

（注3）　実質的な検討の場が構想区域単位の場合、一部の区域だけで医師会関係者、介護・福祉関係者が参加しているケースについても、ここでは「Yes」に含めた。

（注4）　ウェブサイトは2017年3月31日現在。

図表23 地域医療構想を巡る国と都道府県のギャップ

国（特に財務省）

地域医療構想、国民健康保険の都道府県単位化、医療費適正化計画を一体的に運用することで、国民のニーズに適合した効果的な医療・介護サービスの効率的な提供に向けて、都道府県の「総合的なガバナンス」を強化。

▶都道府県が主導する形で「過剰な病床の削減による医療費抑制」に期待

認識ギャップ

都道府県

地域医療構想の策定プロセスでは、地元医師会と協調しつつ、在宅医療の充実など切れ目のない提供体制構築を重視。国民健康保険の都道府県単位化、医療費適正化とリンクさせず。

▶「過剰な病床の削減による医療費抑制」よりも、「切れ目のない提供体制構築」を重視

（出典）　各種資料を基に筆者作成

県が介護・福祉関係者と連携・協力を図ろうとしていたことを指摘できる。

さらに、市町村関係者の委員枠が実質的な検討の場で確保されているかどうか検証したところ、41都道府県のうち、36都道府県が市町村関係者の委員枠を検討の場に確保していたほか、それ以外でも石川県と愛媛県、福岡県は構想区域単位の会議に市町村の関係者が参加しており、意見を反映する機会を確保していた。以上を踏まえると、市町村の関係者は地域医療構想の策定プロセスに一定程度、関与していたと言える。

では、なぜ都道府県は市町村の参画に腐心したのだろうか。その背景としては、切れ目のない提供体制の構築に向けた医療・介護連携の強化に対する関心が考えられる。医療・介護連携を図る上では、医療行政の主体となりつつある都道府県と、介護・福祉行政を司る市町村の連携が必要であり、市町村も在宅医療などに関わる必要がある。市町村の立場については、介護・福祉行政の主体だけでなく、国民健康保険の運営責任も担っている（2018年度から都道府県と共同責任）ため、一定の留保が必要だが、地域医療構想の策定に際して、都道府県は市町村関係者の参加に配慮したと言える。

最後に、住民組織である。住民は様々な形で地域医療に関わっている。具体的には、医療政策に責任を担う首長や議員を選ぶ主権者の側面に加えて、医療サービスを利用する患者、医療サービスの費用を負担する納税者や被保険者、行政とともに地域医療を患者主体で作る担い手としてのＮＰＯなどの立場が想定される。

中でも、医師不足などに悩む地域では、住民の夜間・休日診療で医師や専門職が疲弊しないように、住民や行政、医師がタッグを組んで地域の医療体制を考える動きが広がっており、地域の実情を踏まえた医療提供体制の構築を目指す際、住民の参加は欠かせない。

実際、こうした住民活動は少しずつ広がっており、北海道の調査によると、住民主体で地域の医療機関等を支える団体が「ある」と答えた市町村は２０２０年3月現在で１７９市町村のうち、約2割に相当する36市町村に上るという（「市町村における地域医療の確保に関する事業等調査結果」）。さらに、医療のかかり方や病院の再生に取り組む住民の活動としては、「県立柏原病院の小児科を守る会」「宮崎県北の地域医療を守る会」などが有名であり、こうした活動に取り組んでいる住民が相互に交流できる場として、自治医科大学内に事務局を置く地域社会振興財団は毎年、「地域医療を守り育てる住民活動全国シンポジウム」も開催している。

そこで地域医療構想の策定に際して、各都道府県がどこまで住民代表の参加に配慮したか検証した。その結果、41都道府県のうち、19都府県が実質的な検討の場で住民の委員枠を確保していた。その大半が民生委員など行政と接点を持つ関係者だったが、福島県、東京都は住民から公募した委員を充てていたほか、北海道や三重県では地域医療を考える住民組織の関係者が参加していた。

その観点で言うと、地域医療構想に関係者の役割を明記する事例も多かった。例えば、住民の主体的な役割や住民に対する普及啓発の必要性など、何らかの形で住民の役割に言及したのは45都道府県に及び、適正な受診行動、生活習慣病や健康づくり、人生の最終段階に備えた意思決定、在宅医療に関する普及啓発などを盛り込んでいた。さらに、医療・介護連携の重要性を意識しつつ、約4分の1に相当する11県が介護事業所の役割として、ニーズに対応したサービス提供や医療・介護連携などを挙げた。

以上を踏まえると、都道府県は切れ目のない提供体制の構築に向けて、地元医師会と二人三脚で地域医療構想を作っていたと言える。さらに、介護・福祉関係者や市町村関係者の枠を確保した都道府県も多く、住民参加の割合が低い点など、不十分な点も見られたが、関係者との連携に腐心していた様子が見て取れた。

国と都道府県の認識ギャップ

こうしたデータを見ると、地域医療構想の策定に臨んだ都道府県のスタンスが見えて来る。つまり、「過剰な病床の削減による医療費抑制」「切れ目のない提供体制の構築」という2つの目的が混在する中、都道府県は前者よりも後者を重視していること、さらに前者の議論に傾斜しがちな国、中でも財務省や経済財政諮問会議との認識ギャップである。まず、前者の「過剰な病床の削減による医療費抑制」の観点で言えば、財務省や経済財政諮問会議は地域医療構想、国民健康保険の都道府県化、医療費適正化計画を絡めた「3点セット」とか、2017年6月の骨太方針で使われた「都道府県の総合的なガバナンスの強化」という言葉に代表される通り、「過剰な病床の削減による医療費抑制」のためのツールとして地域医療構想を見ており、病床削減に向けた都道府県の対応を重視している。

これに対し、都道府県は「必要病床数は削減目標ではない」と明記したり、3点セットのリンクを忌避したりしている傾向が明確になった。つまり、「過剰な病床の削減による医療費抑制」という観点は重視していなかったことになる。

一方、切れ目のない提供体制の構築に向けて、都道府県は「地域医療構想を病床削減のためのツールではない」と説明しつつ、在宅医療や医療・介護連携の充実に向けて、地元医師会や関係者と協力して地域医療構想を策定していた。国民健康保険の都道府県化や医療費適正化計画とのリンク、知事の権限強化についての言及を避けたのも、地元医師会との連携を重視したためであろう。

その結果、地域医療構想、国民健康保険の都道府県化、医療費適正化計画の「3点セット」を明確にリンクさせた奈良県を除けば、過剰な病床の削減による医療費抑制に期待する国（特に財務省）と、切れ目のない提供体制の構築を重視する都道府県との間で認識ギャップが生まれていたと言わざるを得ない。

では、**図表23**で示したような認識ギャップを内在したまま、どのように地域医療構想を巡る議論は推移したのだろうか。２０１７年3月までに地域医療構想の策定が終わった後、「過剰な病床の削減による医療費抑制」を目指す国（中でも財務省、経済財政諮問会議）と、「切れ目のない提供体制の構築」に力点を置いた都道府県との間で摩擦は起きなかったのだろうか。まるで命令が二転三転したミッドウェー海戦の空母のように混乱が見られなかったか。次章では「再編・統合に向けた議論が必要」として、４２４の公立・公的医療機関が名指しされた一件を含めて、地域医療構想の策定後、３年間の国・都道府県における議論を考察する。

【用語解説】

④かかりつけ医と総合診療医

かかりつけ医と総合診療医の違いは明瞭とは言えない。例えば、かかりつけ医は「患者の生活背景を把握」、総合診療医は「人間中心の医療・ケア」を掲げており、想定されている医療サービスは似通っている。

こうした似た言葉が並立している原因は１９８０年代に求められる。厚生省はプライマリ・ケアを担う専門医として、英国の家庭医（GP:General Practitioner）に近い制度を創設しようとした（ＧＰは第8章を参照）が、日本医師会は「国家統制に繋がる」と反対した（『家庭医に関する懇談会報告書』『誰も書かなかった日本医師会』）。結局、両者の間で妥協が図られ、現行制度の範囲内で緩やかな形で、全人的な医療サービスの提供機能を果たす医師として、「かかりつけ医」という言葉が考案された。その後、専門医制度の見直しに際して総合診療医が位置付けられ、似た言葉が並立することとなった。

現時点の区分けを一言で説明するとすれば、かかりつけ医は「機能」、総合診療医は「能力」となる。例えば、２０１３年8月に公表された政府の社会保障制度改革国民会議報告書では、総合的な診療能力を有する医師（総合診療医）への期待感を示す一方、「緩やかなゲートキーパー機能」を備えた「かかりつけ医」の普及は必須としている。つまり、総合診療医は能力を有する医師だが、かかりつけ医は専門医資格などの能力検定を経なくても、機能を果たせるという考え方に立っていると言える。実際、日本医師会の研修は「かかりつけ医機能研修制度」であり、「能力研修」とされていない。

しかし、かかりつけ医の機能は広範であり、これを果たす上では能力や医師の能力に対する患者の信頼が欠かせないはずであり、両者の違いは国民にとっては非常に分かりにくくなっている。

第4章

混乱する議論

漸増主義の長所と欠点

政治学や行政学では「漸増主義」(incrementalism) という考え方がある。政策当局者は多くのケースで制度改正の影響を見通せないため、制度を一気に改革するのではなく、手を付けやすいところから少しずつ改革する方法を好む（『政策形成の過程』）。これが漸増主義と呼ばれている方法である。増してや医療制度改革に際しては、患者の健康や生命、医療機関の経営や雇用など様々な影響を考慮しなければならないため、制度の運営を一度ストップさせたり、イチから作り直したりすることは難しい。さらに、患者の受療行動、医療機関の経営判断など様々な要因が絡むため、図面を引くように制度を変える「設計主義」の発想は通用しない。この点については、経済学者のハイエクが「社会的形成物の大部分は、人間による行為の結果であっても設計の結果ではない」（『哲学論集』）と論じた通りであり、医療の場合は現場への影響を無視するような抜本改革が難しく、少しずつ制度改正を積み重ねる漸増主義は現場の混乱を最小限にとどめられる利点を持つ。

ただ、漸増主義には最大の問題点がある。様々な関係者の意見に配慮しつつ、制度改正を少しずつ積み重ねられるため、目先の問題をクリアできたとしても、全体として整合性が取れなくなる可能性である。しかも、地域医療構想の場合、病床削減を重視する財政当局と、性急な病床削減を嫌う日本医師会の双方に配慮する中で、漸増主義的に制度化の議論を積み重ねたため、「過剰な病床の削減による医療費抑制」「切れ目のない提供体制の構築」という目的が混在している。このため、利害調整を繰り返しているうち、どちらが重視されているのか分からなくなる危険性がある。

実際、地域医療構想を巡る議論の推移は混迷の度を深めた。策定されて3年の歳月が過ぎる中、2025年と現状の病床数を巡るギャップが1つの長期的な目安となり、それに向けて漸増主義的なアプローチとして、公立・公的医療機関の見直しが優先されたが、「過剰な病床の削減による医療費抑制」を重視する国が都道府県に対し、プレッシャーを掛けることで、「切れ目のない提供体制の構築」を重視していた都道府県との間でギャップが広がった。

中でも、病床削減が進まないことに苛立った経済財政諮問会議や財務省の圧力を受け、424の公立・公的医療機関が「再編・統合に向けた検討が必要な医療機関」として名指しされるに至り、現場は混乱に陥った。

地域医療構想が作られて3年の歳月を経る中、国レベルでどんな議論が展開されたのか、なぜ424病院が名指しされるに至ったのか、都道府県サイドの取り組みに問題はなかったのか――。これらの点が本章の主な内容である。

漸増主義として浮上した公立・公的医療機関改革

今年は各地域の「地域医療構想」が具体化していく大事な年――。塩崎恭久厚生労働相は2017年1月、四病院団体協議会の賀詞交歓会の席上、こう期待感を示した（1月15日『m3.com』）。実際、地域医療構想の具体化は都道府県に委ねられており、2017年3月までに出揃った後、当初は都道府県の自主性を重んじる議論となっていた。

しかし、議論が思った通りに進んでいないとして、政府は公立・公的医療機関の見直しを優先させた。これは2019年9月、424病院が名指しされるに至った経緯を知る上で重要なので、少し念入りに考察しよう。

まず、2017年6月に閣議決定された骨太方針は「病床の役割分担を進めるためデータを国から提供し、個別の病院名や転換する病床数等の具体的対応方針の速やかな策定に向けて、2年間程度で集中的な検討を促進する」と定め、2017～2018年度の2年間を集中検討期間と位置付けた。

その後、2018年6月の骨太方針では都道府県に対し、調整会議での合意事項を「具体的対応方針」として取りまとめることを求めた。その際、地域における公立・公的医療機関の役割を明確にするため、①2025年を見据えた構想区域で担うべき医療機関としての役割、②2025年に持つべき医療機能ごとの病床数――の2点を対応方針に盛り込むように定めた。

具体的には、医療需要や提供している医療サービスの機能、病床稼働率などの点で、公立・公的医療機関が民間医療機関では担えない分野に重点化しているかどうかを点検。その上で、公立・公的医療機関ごとに「新公立病院改革プラン」「公的医療機関等2025プラン」を策定し、全ての公立・公的医療機関の担うべき機能や病床数などについて、2018年度中に調整会議で合意形成することを求めた。分かりやすく言えば、2019年3月までに公立・公的医療機関の役割を見直すことで、「××病院は急性期を担う」「その際の2025年の病床数は△△である」といった点を対応方針に明記することを促したのである。

では、なぜ公立・公的医療機関の議論が先行したのか。第1章で述べた通り、日本の医療提供体制は民間中心であり、改革の本丸は本来、民間医療機関である。それにもかかわらず、ウエイトが小さい公立・公的医療機関から議論をスタートさせた「謎」を解くキーワードが漸増主義であり、有体に言えば、霞が関のパワーバランス的に見れば、公立・公的医療機関は「手を付けやすい部分」だからである。

まず、公立病院については、多額の赤字が問題視されており、第1次安倍政権の2007年12月に「公立病院改革ガイドライン」が初めて示され、①数値目標を掲げた「経営の効率化」、②医師配置や病床数の見直しを含む「再編・ネットワーク化」、③民営化や地方独立行政法人化など「経営形態の見直し」――を図るよう要請するなど長い経緯がある（「最近の公立病院政策の変遷と新旧公立病院改革ガイドライン」『社会保障研究』Vol.1 No.4）。それにもかかわらず、赤字は依然として地方財政の足を引っ張っており、内閣府が２０１６年８月に取りまとめた報告書では、「公立病院の経営指標は民間病院や公的病院に比べて劣っている」と指摘された。実例としては、新潟県では公立病院の赤字が県財政全体の問題に波及し、花角英世知事が「緊急事態宣言」を公表する事態に発展したほか、県央区域（燕市、三条市など）の基幹病院を建設しているにもかかわらず、計画の見直しが浮上した（『東洋経済』２０２０年1月11日号）。

財務省としても地方財政の規模を圧縮できる可能性があるとして、公立病院の赤字解消を強く促し続けており、２０１９年６月の財政審建議では公立病院に対して多額の財政支出が実施されている点を問題視した。つまり、改革や赤字処理を巡るスピード感の違いは別にしても、公立病院の赤字解消問題について、総務省、財務省は足並みを揃えやすい。

さらに、日本医師会の意向も見逃せない。第2章で触れた通り、日本医師会は「地域医療構想の推進↓病床削減↓医療費抑制」と理解されないように要請してきた経緯があるが、民間医療機関のライヴァルである公立・公的医療機関に対しては強硬な態度を取っている。例えば、日本医師会の中川副会長は「税金を多額に投入している公立病院と、税制優遇もない民間病院が同じ機能を担っている場合、公立病院は引くべきではないか」（２０１９年４月29

日『m3.com』。日本医学会総会における発言）と述べるなど、公立・公的医療機関の見直し論議を優先するよう訴えた。

こうして公立・公的医療機関の見直し論議が先行し、「過剰な病床の削減による医療費抑制」を目指す経済財政諮問会議や財務省のプレッシャーが徐々に強まっていく。次に、そのプロセスを追って行くことにしよう。

経済財政諮問会議と財務省のプレッシャー

「地域医療構想の進捗は遅い」「議論が先行している公立病院・公的医療機関等においても進捗状況に大きな地域差（筆者注：がある）」――。財務省は２０１８年10月に開催された財政審の席上、**図表24**のような資料を提出しつつ、病床削減に向けた都道府県の対応を促した。さらに、財務省は「推進に当たって都道府県が行使できる権限は限定的であり、特に民間医療機関の病床に対する権限は事実上ごく限られたものに留まっている」と指摘した。

ここで少し**図表24**を補足すると、左と中央の「２０１５年病床機能報告」「２０１７年病床機能報告」とは、病床機能報告の数字をベースにした現状を示す。一方、右の「２０２５年必要病床数」とは、地域医療構想に盛り込まれた２０２５年時点での病床数の予想を指す。

つまり、２０１７年で１２５万床前後ある病床数を２０２５年度時点で約１１９万床に減ら

図表24 財務省が期待する病床削減のイメージ

（出典）　財務省資料を基に作成

すとともに、診療報酬の単価が高い高度急性期、急性期の病床数を圧縮することで、医療費を抑制したいという狙いが込められていた。

実際、財政審の資料では、２０１７年の病床機能報告から２０２５年の必要病床数を差し引いた「高度急性期・急性期▲21万床」「回復期＋22万床」「慢性期▲7万床」という数字が「２０２５年までに増減すべき病床数」と位置付けられていた。

さらに、こうした病床数の削減を進める手立てとして、同審議会が同年11月に取りまとめた建議（意見書）では都道府県が民間医療機関に対しても病床転換などを命令できるようにする制度改正を求めた。さらに、財政審は年に2回、財務相に建議を提出しており、その後の建議及び建議に向けた議論でも同様の主張を展開した。

経済財政諮問会議でも同様の議論が展開された。外部有識者4人で構成する民間議員が2019年4月の会議に提出した資料では、「地域医療構想の実現等」という項目で、「医療・介護分野で人手が不足する中で、医療・介護サービスを効率的・効果的に供給できる体制を構築するとともに、医療・介護費の極めて大きい地域差の縮小に取り組むべき」とし、消費税財源を活用した病床のダウンサイジング支援を拡充するよう求めた。しかも、わざわざ財政審が示した数字を引用し、病床削減の必要性を訴えた。こうして「過剰な病床の削減による医療費抑制」を重視する議論が強まり、その最初として公立・公的医療機関がターゲットに据えられた。

さらに、2019年6月の骨太方針では、▽全公立・公的医療機関の具体的対応方針について診療実績データを分析する。▽その内容が民間医療機関では担えない機能に重点化されているかどうか確認する、▽2025年時点で公立・公的医療機関が達成すべき医療機能の再編、病床数の適正化に沿うように適切な基準を新たに設定する——という内容が盛り込まれるに至った。つまり、民間医療機関と競合する機能に関しては、公立・公的医療機関が撤退するか、統合するなどの見直しを迫るとともに、その基準づくりなどを進める旨を示したのである。

しかし、ここで疑問を持たないだろうか。厚生労働省が2015年6月の通知で、現状と必要病床数の差が削減目標と位置付けられないようにするため、わざわざ「『我が県は◎◎床削減しなければならない』といった誤った理解とならないようにお願いします」と要請し、多くの都道府県も地域医療構想の策定に際して、「必要病床数は削減目標ではない」と明記していたはずである。

それにもかかわらず、経済財政諮問会議と財務省は必要病床数を「病床削減の目標」と明確に位置付けているのである。ここに大きな矛盾が発生していることにお気付きだろう。漸増主義的に利害調整を積み重ねた結果、政策の目的がハッキリしなくなった弊害が現われていた。その結果、2019年9月に「再編・統合に向けた検討が必要な公立・公的医療機関」として、424病院が名指しされるに至った。

424公立・公的医療機関の「名指し」

厚生労働省は2019年9月、「再編・統合に向けた検討が必要な公立・公的医療機関」として、424病院を名指しするとともに、2020年9月までの検討を促した。その後、厚生労働省は2020年1月、病院を追加指定・削除したため、数字が変更されたが、ここでは2019年9月時点の数字をベースに議論して行こう。

まず、名指しした際の判定基準である。病院名の公表に際しては、(A)診療実績が特に少ない場合、(B)類似の診療実績を有する医療機関が近接している場合――という2つの判断

図表25 病院名公表に際して使われた分析の考え方のイメージ

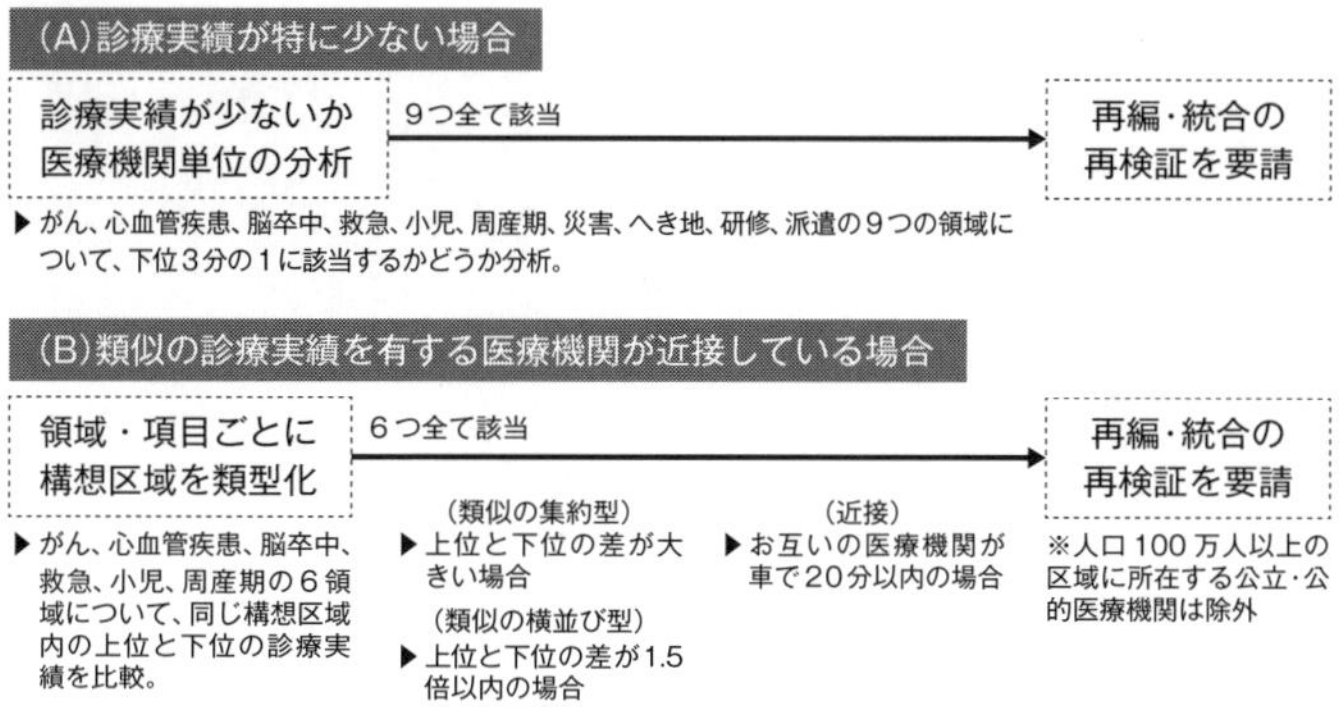
（A）診療実績が特に少ない場合
診療実績が少ないか医療機関単位の分析
9つ全て該当
再編・統合の再検証を要請
▶がん、心血管疾患、脳卒中、救急、小児、周産期、災害、へき地、研修、派遣の9つの領域について、下位3分の1に該当するかどうか分析。
（B）類似の診療実績を有する医療機関が近接している場合
領域・項目ごとに構想区域を類型化
6つ全て該当
再編・統合の再検証を要請
▶がん、心血管疾患、脳卒中、救急、小児、周産期の6領域について、同じ構想区域内の上位と下位の診療実績を比較。
（類似の集約型）
▶上位と下位の差が大きい場合
（類似の横並び型）
▶上位と下位の差が1.5倍以内の場合
（近接）
▶お互いの医療機関が車で20分以内の場合
※人口100万人以上の区域に所在する公立・公的医療機関は除外

（出典）　厚生労働省資料を基に作成

基準が使われ、どちらかに該当した公立・公的医療機関を再検証要請対象医療機関とした。その簡単なイメージは**図表25**の通りである。

このうち（A）では、「病床数の多寡のみに固執した機械的で形骸化された議論」が繰り返されないようにする必要があるとして、339の構想区域を人口規模別に5つに区分し、がん、心血管疾患、脳卒中、救急、小児、周産期、災害、へき地、研修・派遣の9つの領域について、各人口区分で下位3分の1の診療実績に該当する病院を「診療実績が特に少ない」と見なした。その上で、9つの領域の全てに「診療実績が特に少ない」と判断された公立・公的医療機関については、再編・統合に向けた「再検証要請対象医療機関」と判定した。

以上のような（A）と比べると、（B）は少し複雑である。具体的には、「類似」「近接」に分かれており、「類似」については、がん、心血管疾患、

図表26 個別病院名の公表で使われた分析・判断基準のイメージ

運営主体	病床数など（床数）						A：特に診療実績が少ない										B：類似かつ近接する							
	合計病床数	高度急性期	急性期	回復期	慢性期	病床稼働率	がん	心血管疾患	脳卒中	救急	小児	周産期	災害	へき地	研修・派遣	A該当数	がん	心血管疾患	脳卒中	救急	小児	周産期	B該当数	再検証要請対象医療機関
公立（市町村）	130	0	100	0	30	70	●	●	●	●	●	●	●	●	●	9	●	●	●	●	●	●	6	●
公立（国立病院機構）	240	0	100	110	30	79	●	●						●	●	4	●		●	●			3	
公立（都道府県）	135	0	100	35	0	75	●	●	●	●	●	●	●	●	●	9		●		●			2	●
公的（日赤）	500	230	270	0	0	87		●		●	●	●				4		●	●	●		●	4	
公的（済生会）	405	15	390	0	0	80	●		●		●					3	●		●	●			3	

（出典）　厚生労働省資料を基に作成
（注）　病床稼働率は高度急性期、急性期。

図表27 医療提供体制における名指しされた病院のイメージ

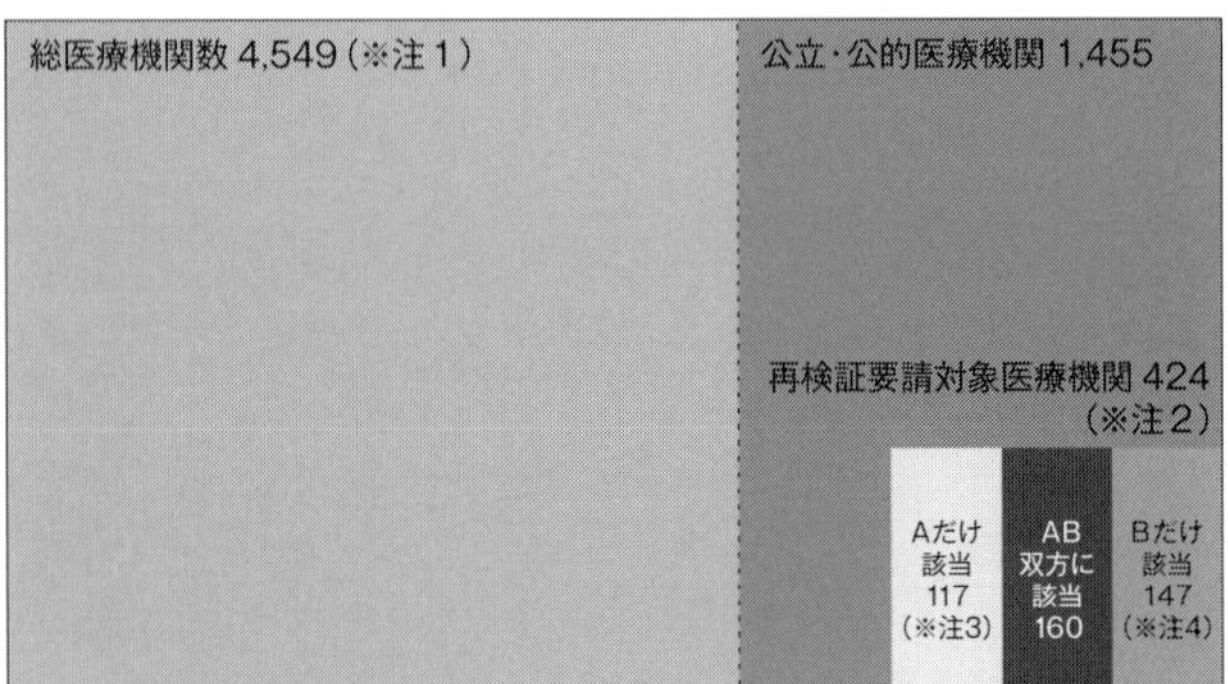

（出典）　厚生労働省資料を基に作成
（注１）　一般病床もしくは療養病床を持つ医療機関で、2017 年病床機能報告で「高度急性期」「急性期」病床を持つ医療機関の総数。
（注２）　内訳は公立病院が 257 病院、公的医療機関が 167 病院であり、後者には民間の地域医療支援病院の 17 病院を含む。
（注３）　A とは、がんなど９つの領域について、「特に診療実績が少ない公立・公的医療機関」を指す。
（注４）　B とは、がんなど６つ領域について、「類似かつ近接する公的・公立医療機関」を指す。

脳卒中、救急、小児、周産期の6つの領域について、①同じ構想区域内で診療実績が上位50％以内に入っている医療機関を上位グループと見なす、②上位グループのうち、「診療実績の占有率が最低位」の実績と、下位グループで「診療実績の占有率が最高位」にランクした医療機関の実績を比較し、上位と下位で明らかな差がある場合は「集約型」と判断、③上位と下位の差が1・5倍以内の場合は「横並び型」と判断、④どちらのタイプでも、6つの領域全てで該当する場合は「類似」と見なす——とした。その上で、お互いの所在地が車で概ね20分以内に立地している場合を「近接する医療機関」と見なし、「類似」「近接」の双方を満たした場合、「再検証要請対象医療機関」と判断した。個別病院名の公表で使われた分析・判断基準のイメージは**図表26**の通りである。

ただ、（B）については、人口100万人以上の構想区域に立地している公立・公的医療機関は除外された。東京都心のような人口過密地域の場合、類似の状況にある医療機関が多数に及ぶため、別に整理が必要という判断の下、分析対象には含まれていなかった。

こうした絞り込み作業の結果、（A）だけに該当するのは117病院、（B）だけに該当するのは147病院、（A）（B）ともに該当するのは160病院となった。全体の病院に占めるイメージは**図表27**の通りであり、424病院を運営主体別に見ると、公立医療機関が257病院、公的医療機関等が167病院であり、後者には医師会病院を含む17の民間運営による地域医療支援病院（病床数が200床以上、24時間体制による救急医療の提供などの

図表28 名指しされた病院の規模別分布

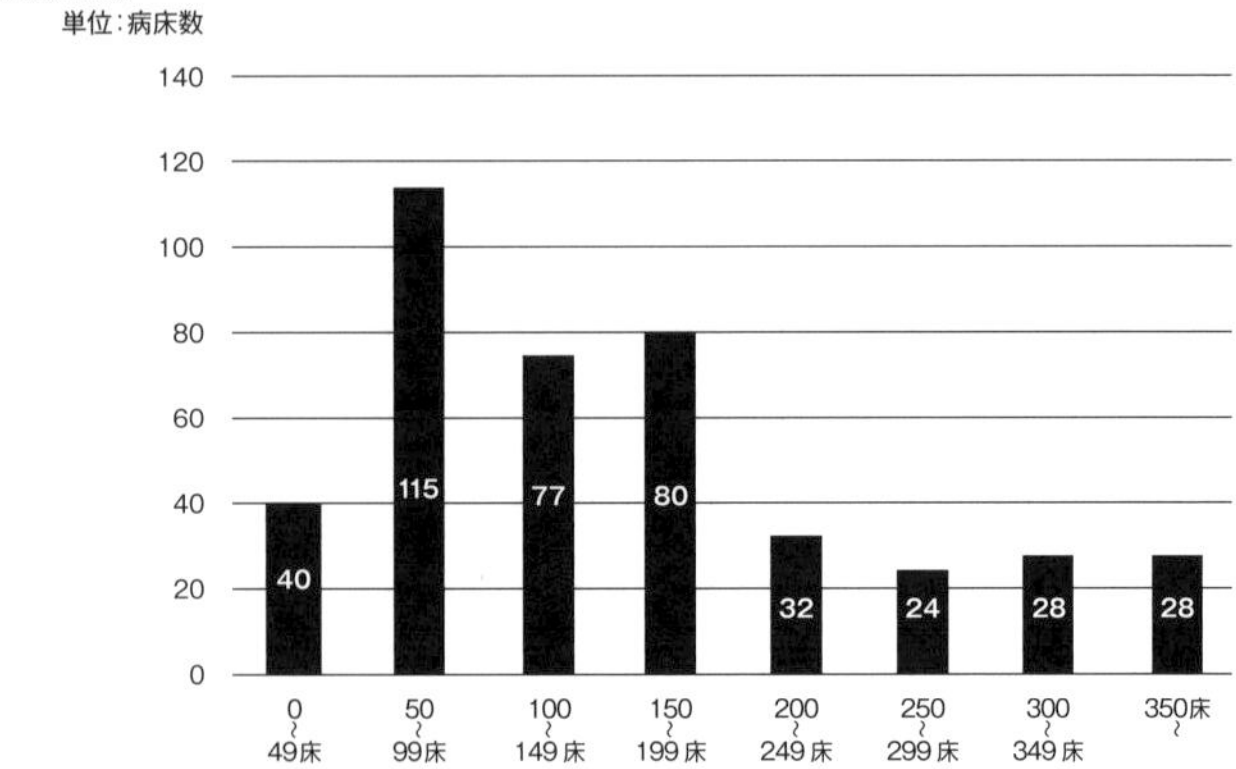

（出典）　厚生労働省資料を基に作成
（注）　病床数は高度急性期、急性期、回復期、慢性期の合計。

要件）が含まれていた。

なお、ここで「再検証」とされたのは本来、２０１９年3月までに議論すべきだったのに、「見直し論議が進まなかったので、改めて検証を要請する」という意味が込められていた。

では、どんな病院が名指しされたのだろうか。２０２０年1月にリストは修正されたが、２０１９年９月時点のデータを基に、病床の規模、地理的分布について、その傾向を浮き彫りにする。

まず、病床数（高度急性期、急性期、回復期、慢性期）の合計の分布を見るため、50床刻みで図示したのが**図表28**である。具体的には、50～99床が１１５病院、１００～１４９床が77病院、１５０～１９９床が80病院となり、病床数２００床未満の病院が73・６％を占めるなど、中小規模の病院が数多く含まれた。評価項目を見ると、その多くは急性期の医療に関係しており、規模が小さく、診療実績が少ない医療機関が多く選ばれた形だ。

次に、都道府県別で見た地域差である。都道府県別で再検証の要請対象が最も多かったのは、北海道の54病院であり、その後は新潟県の22病院、宮城県の19病院などと続く。都道府県内の公立・公的医療機関に占める再検証要請対象医療機関の割合が最も高かったのは新潟県の53・7％であり、北海道48・6％、宮城県の47・5％が続いた。

しかし、全体に占める公立・公的医療機関のシェアが大きいと、再検証要請対象医療機関も増える可能性があるため、「公立・公的医療機関（1455病院）の都道府県別シェア」と、「再検証要請対象医療機関（424病院）の都道府県別シェア」を比較する。このことを通じて、「公表された病院のシェアが大きい都道府県」「公表された病院のシェアが小さい都道府県」に大別できる。

その結果は**図表29**の通りである。左側が全体に比べると、「公表された病院の都道府県別シェアが大きい県」、右側が逆に「公表された病院の都道府県別シェアが小さい都府県」である。これを見ると、それほど乖離は大きくないが、やはり北海道が左端に、東京都など大都市部が右端に位置していることが分かる。このうち、北海道については、人口密度の低い地域が多く、診療実績が少ない公立・公的医療機関が多くなり、名指しされた病院が増えたと思われる。

図表29 名指しされた病院の都道府県別シェアと、全体のシェアとの乖離

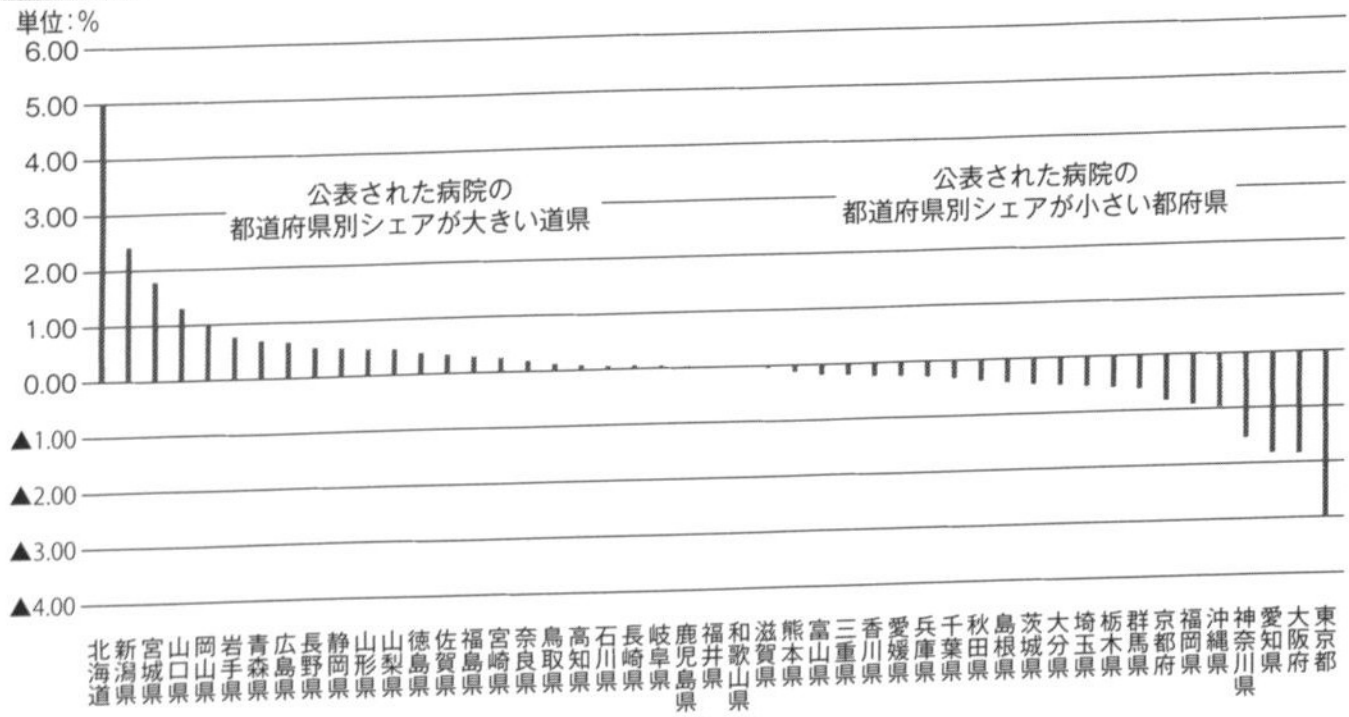

（出典）　厚生労働省資料を基に作成

一方、大都市部のシェアが低くなったのは、個別病院の絞り込み方法が影響したと思われる。先に触れた通り、（B）の「類似の診療実績を有する医療機関が近接している場合」では人口100万人以上の構想区域に立地している公立・公的医療機関を除外した。このため、東京都など大都市部では（B）が低く出やすい構造になっていたと言える。以上のような傾向を踏まえると、大都市部よりも地方部の中小規模の病院が数多く名指しされたと言えるであろう。

もちろん、「名指し＝再編・統合」を意味するわけではなく、再編・統合の判断は都道府県、あるいは公立・公的医療機関の管理者に委ねられており、厚生労働省は統廃合を強制できる権限を持っていない。このため、都道府県としては、2020年9月までに再編・統合しない選択肢も含めて、調整会議で議論することとなり、加藤勝

信厚生労働相も「今後議論していただくための1つの参考資料として出させていただいた」と強調していた（2019年10月4日の会見）。さらに、厚生労働省もリスト公表の翌日、「地域医療構想の実現に向けて」と題する資料を公表し、「必ずしも医療機関そのものの統廃合を決めるものではありません」「病院が将来担うべき役割や、それに必要なダウンサイジング・機能分化等の方向性を機械的に決めるものでもありません」との考えを示した。

しかし、実際、医師不足地域を抱える自治体を中心に、反発の声が相次ぐなど、現場は混乱し、厚生労働省も地方説明会の開催など対応に追われた。地方から出た反発の内容としては、①手法が強引、②医師不足を助長する、③古いデータで計算されており、実態を反映していない——といった点に整理できる。次に、「名指し」の波紋を見て行こう。

424病院「名指し」の波紋

「医師の偏在や医療機関の偏在に対して、配慮が全くありません。（略）乱暴すぎます」——。兵庫県の井戸敏三知事は定例記者会見で、個別名を開示した厚生労働省の対応を批判した（2019年10月3日の会見）。「乱暴」とは少し激しい言葉遣いだが、自治体や現場の反応としては概ね共通していた。

例えば、和歌山県の仁坂吉伸知事は「（筆者注：厚生労働省の対応は）やり過ぎ」（10月1

日会見)、福岡県の小川洋知事は「地域の事情を無視するもので、あまりに唐突で適切でない」(10月12日『毎日新聞』)とそれぞれ述べたほか、三重県の鈴木英敬知事は「現状の把握や改善の方策について議論するが、診療数のデータが一定期間に限られており、交通の実情を踏まえていない」と判断基準への不満を表明した(9月27日『毎日新聞』)。公立病院の関係者で構成する全国自治体病院開設者協議会長を兼務する鳥取県の平井伸治知事も「一面的なデータで要否を決めるのはあまりに短絡的。地方の病院の診療例が少ないのは子供でも分かる。統廃合への世論誘導だとすればお門違い」と怒りを露わにした(9月27日『日本海新聞』)。

現場サイドでも「公立・公的病院が急性期医療を担うから医師を派遣してくれるのに、そこを縮小しては地域の医師確保が難しくなる」(10月4日『中国新聞』)といった不安や不満が示され、医師などの専門職を確保できなくなる危険性が論じられていた。名指しされた医療機関からは「名誉毀損」「業務妨害」として謝罪と抗議を求める動きさえ出た(10月8日『岐阜新聞』)。

こうした声を踏まえ、全国知事会、全国市長会、全国町村会と総務、厚生労働両省は10月4日、「地域医療確保に関する国と地方の協議の場」の初会合を都内で開き、意見交換を実施した。ここでも平井知事は厚生労働省の対応を改めて批判した(10月4日『m3.com』)ほか、全国知事会として「分析の妥当性を都道府県が確認することができないうちに唐突に公表し、該当医療機関への説明も十分できない状況のまま医療機関、住民を不安にさせており、このような方法については慎重に検討すべき」「実名を公表したことについては、むちゃくちゃ思い切った乱暴なやり方」といった都道府県の反応も明らかにした。

その後、厚生労働省は病院名公表の経緯や目的などについて理解を求めるため、地方厚生局単位で説明会も開催。初会合となった10月17日の福岡市における説明会では医療機関関係者から「地方で小児科や産婦人科が集約されると、子育て世代が住まなくなる」「病院が無くなるという風評被害に非常に困っている」「実情を反映していない」といった異論が噴出し、厚生労働省の橋本岳副大臣は終了後に「これだけハレーションを起こしていると認めなければならない」と述べたという（10月18日『熊本日日新聞』）。

こうした協議の場や説明を通じて、地方側は矛を収めるに至った。具体的には、地方側は厚生労働省の対応について、①公立・公的医療機関のデータだけが公表され、民間病院の取り扱いが不明、②再編統合に向けた財政支援が見えない、③再編統合の議論について、2020年9月という期限が設定されている――といった点を問題視していたが、3回に及ぶ協議の場を経て、①に関して、厚生労働省は民間病院のデータを2020年3月までに開示すると表明した。さらに、厚生労働省は②について、病床を削減した場合、損失額などを補填する全額国費の財政支援制度を新設する方針を説明した（詳細は第6章で説明）。③も2020年9月にこだわらずに柔軟に対応する考えを示し、地方側は3回目の国・地方協議で、「正常化宣言」を打ち出した（12月24日『m3.com』）。

しかし、ここで疑問が生まれるかもしれない。まず、こうした軋轢が自治体や現場で起きることを事前に予想していなかったのだろうか。報道によると、厚生労働省医政局の佐々木裕介総務課長は地方との協議の場で、「（筆者注：地方の反発は）予想をしていたわけでは当然ない」と説明していた（10月4日『m3.com』）。さらに、厚生労働省内でも事前には「そんなに騒ぎになることはないだろう」という楽観ムードが漂っていたという（10月7日『共同通信』配信）。その意味では、厚生労働省が地方側の反応を読み切れなかったか、読み誤ったと判断せざるを得ない。

さらに、自治体や現場サイドとしても、これほど多くの医療機関が名指しされるとは予想していなかった（10月7日『共同通信』配信）と見られ、「まさかウチの病院が」という当惑に繋がったと言える。地域医療構想が本格始動する前の２０１７年度現在の数字が開示されたことで、「改革を進めたのになぜうちの病院が引っ掛かったのか」といった感覚を増幅させた面もある。

しかし、名指し問題が混乱を招いた遠因は根深い。そもそもの問題として、地域医療構想の制度化に際して、「過剰な病床の削減による医療費抑制」「切れ目のない提供体制の構築」という2つの目的が混在したのに、前者を重視する財政当局が「地域医療構想が進んでいない」と批判したことで、名指しという異例の事態に至った。ここで後者を重視する議論は示されなかったのだろうか。名指しの背景を探ることで、混乱の遠因を明らかにして行こう。

「名指し」の背景と混乱の遠因

名指しに至った理由として、盛んに論じられたのが「調整会議の活性化」である。つまり、都道府県を中心にした調整会議の議論が活発ではないため、その起爆剤として再編・統合に向けた検討が必要な公立・公的医療機関を名指ししたというわけである。実は、この説明は厚生労働省、日本医師会に共通していた。例えば、厚生労働省は個別名公表の翌日、ウェブサイトにアップした「地域医療構想の実現に向けて」という資料で、「調整会議の活性化」が目的である旨を強調していた。

今回の分析だけでは判断しえない診療領域や地域の実情に関する知見も補いながら、地域医療構想調整会議の議論を活性化し議論を尽くして頂き、2025年のあるべき姿に向けて必要な医療機能の見直しを行って頂きたいと考えています。その際、ダウンサイジングや機能連携・分化を含む再編統合も視野に議論を進めて頂きたいと考えています。

日本医師会も同様のスタンスである。2020年6月の選挙で勝利した中川会長は副会長時代、「(筆者注:個別名公表時の判断基準が)全国の地域医療構想調整会議活性化の起爆剤

図表30 公立・公的医療機関の2017年度と2025年度予想の病床数比較

	2017年度	2025年度予想	増減割合(%)
高度急性期	143,533	140,885	▲1.8
急性期	266,607	259,436	▲2.7
回復期	33,022	44,717	35.4
慢性期	33,554	31,877	▲5.0
合計	476,716	476,915	0.0

[単位：床数]

(出典) 厚生労働省資料を基に作成
(注) 合意していない公立病院・公的医療機関等の病床数は除いている。

になり、行政からの強制力ではなく、医師会を中心とした医療関係者の地域医療への熱い想いが結実することを期待している」(2019年6月24日『m3.com』。)、「分かりやすく言うと、侃々諤々、喧々囂々という議論があってしかるべき。どうしてこういうことになるのかという議論を戦わせること自体が活性化の第一歩。(筆者注：個別名公表で) 当初の目的をまずは果たしたと思う」(10月30日『m3.com』) と述べていた。

さらに、財政審も2019年10月の建議 (意見書) で、「(筆者注：個別名公表が) 2025年の実現に向けた最後の機会と捉えるべき」と強い表現で指摘しており、「同床異夢」の状態だった関係者が共同歩調を取っていたと言える。

では、何を以て「活性化していない」と判断されたのだろうか。当然、現状が「活性化していない」と判断されたため、異例の「名指し」に至ったことを考えれば、その判断に際しては何らかの根拠があったはずである。その際、盛んに使われたのが**図表30**の数字である。

ここで言う「2017年度」とは病床機能報告制度に基づく公立・公的医療機関の現状、「2025年度予想」は公立・公的医療機関の見直し計画に基づく病床数の予想である。これを見ると分かる通り、2017年度と2025年度予想の病床数総数は殆ど変わっておらず、高度急性期と急性期の実数も大きな変化は見られない。

つまり、地域医療構想が策定されて約2年の間、公立・公的医療機関の見直し論議を先行させたにもかかわらず、公立・公的医療機関の「ダウンサイジング」が進んでおらず、「調整会議が活性化していない」と判断されたことになる。その結果、再検討を促すための方法論として、個別名の公表に至ったわけである。この点については、日本医師会の中川副会長が「がっかりします。（略）公立病院、公的医療機関でなければ担えない機能に特化しているかどうかという検討はほとんどしていないことになります」と述べていたこととも符合する（2019年5月16日地域医療構想ワーキングでの発言）。

そう考えると、「名指し」に際して重視されたのは病床数、つまりコスト削減に重きを置いた「過剰な病床の削減による医療費抑制」だったことになる。制度化に際して、「切れ目のない提供体制の構築」を重視した厚生労働省だけでなく、「医療費削減の仕組みを徹底的に削除したつもりだ。その結果、医療機関の自主的な取り組みで進める仕組みになった」（2019年4月29日『m3.com』。日本医学会総会における日本医師会の中川副会長の発言）としていた日本医師会でさえも、病床数の変化に着目しつつ、公立・公的医療機関の見直しを迫っていたことになる。

しかし、そもそも、「過剰な病床の削減による医療費抑制」ではなく、「切れ目のない提供体制の構築」を重視していたのであれば、病床数の議論に終始しないはずである。例えば「切れ目のない提供体制の構築」を踏まえるのであれば、地域事情を考慮しつつ、アクセスの観点も加味する必要がある。しかし、こうしたアクセスの視点は「名指し」に際して、ほとんど見受けられなかった。一方、もし病床数だけに着目するのであれば、「個別名が公表された病院の病床数を単純に足し上げると、約6万7000床（高度急性期、急性期、回復期、慢性期の合計）である。一方、経済財政諮問会議では民間議員が官民合わせて約13万床の削減を訴えているので、『名指し』された病院のベッドを削れば、13万床のうちの半分をクリアできる」という乱暴な結論さえ可能になってしまうが、こうした単純な計算が「机上の空論」であることは言うまでもない。だからこそ「過剰な病床の削減による医療費抑制」の視点に偏った強引な手法に対し、住民を含めた現場の関係者は強く反発したのである。

実際、「過剰な病床の削減による医療費抑制」を重視した形跡は「名指し」の判断基準に表れていた。ここで名指しの判断基準をもう一度、ご覧頂きたい。（A）（B）ともに急性期に関する判断基準が多く盛り込まれており、要は「急性期を標榜しているのに、診療実績が少ない公立・公的医療機関」があぶり出されたことになり、膨れ上がった急性期病床（7：1基準）を削減したいという当初の思惑が反映されていることになる。そもそも「ダウンサイジング」を直訳すると、「削減」となると思うのだが、それでも「地域医療構想は病床削減のための政策ではない」と説明できるのだろうか。

改革の「本丸」は民間病院

しかも公立・公的医療機関をやり玉に挙げることは漸増主義的に正しい選択肢かもしれないが、それほど本質的とは思えない。繰り返し述べて来た通り、日本の医療提供体制における民間病院のウエイトを確認すると、公立・公的のシェアは非常に低い。最初に公立・公的が槍玉に上がったのは本章で述べた漸増主義的な判断、つまり政治的に進めやすいことにほかならず、全体としてインパクトは大きいと言えない。

さらに言えば、公立・公的医療機関が占めるウエイトには地域差があり、少なくとも全ての都道府県や地域で通用するアプローチとも思えない。端的な例で言えば、大都市部は民間医療機関や私立大学の医療機関が多い一方、一般的な傾向として、過疎地では公立・公的医療機関が地域医療の中心的な役割を担っている。このため、公立・公的医療機関の見直し論議を優先する現在の手法が全ての地域で当てはまるとは限らない。

この点を考える上で、1つの参考になるのが**図表31**である。縦軸は地域医療構想に盛り込まれた病床数を基に、2025年の必要病床数から都道府県の地域医療構想に盛り込まれた

図表31 都道府県別に見た病床の将来予想と公立・公的医療機関の比率

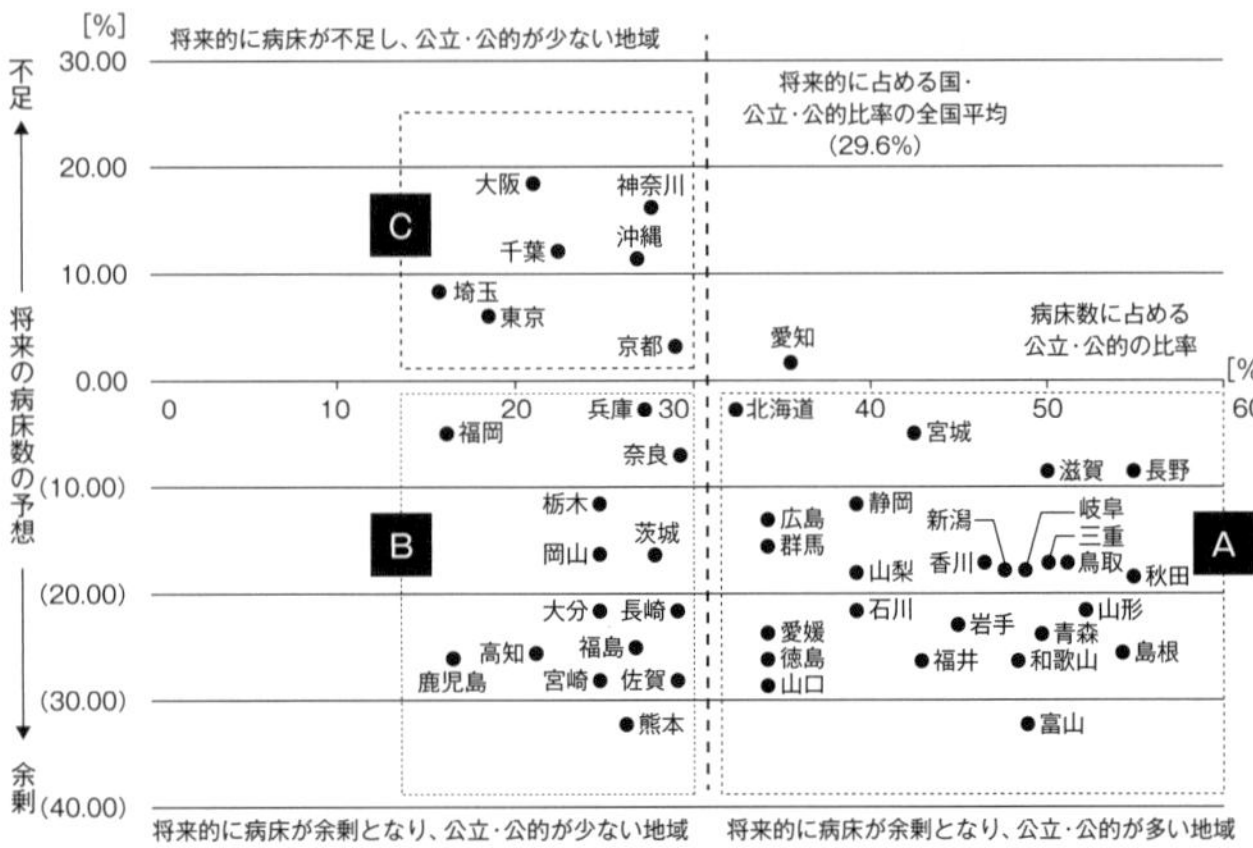

（出典）　厚生労働省「2017年医療施設動態調査」、各都道府県の地域医療構想を基に筆者作成

（注1）　縦軸の「将来の病床数の予想」では2025年の必要病床数から各都道府県の地域医療構想に盛り込まれた現状を差し引き、その差を現状で割って算出。

（注2）　横軸の「病床数に占める公立・公的の比率」は国、都道府県、市町村などの合計を都道府県全体で割った数字。

現状を差し引き、その差を現状で割って算出した数値であり、上に行くほど病床が不足、下に行くほど病床が余剰となることを意味している。これを見ると分かる通り、最大で30％程度の病床が余剰となる地域が見られる一方、三大都市圏を中心に高齢化率が上昇する地域は将来的に病床が不足する予想となっている。

さらに、横軸は病院数に占める公立・公的病院（都道府県、市町村、地方独立行政法人、日本赤十字、済生会、北海道社会事業協会、厚生連、健康保険組合及びその連合会、共済組合及びその連合会、国民健康保険組合）の合計のウエイトを示しており、中央部の線が全国平均（29・6％）

を示す。つまり、中央の線よりも右の部分では公立・公的機関のウエイトが大きく、逆に左側は小さいことを意味する。

図表31から言えることとしては、公立・公的医療機関の見直しを優先する手法だけでは全体として不十分という点である。具体的には、右下の「Ａ」に位置する25道県は「将来的に病床が余剰となり、公立・公的が多い地域」であり、この象限に位置する地域については「公立・公的医療機関の役割を民間医療機関が担えない機能に特化する」という先行した議論の流れで対処できる可能性がある。

しかし、高知県、佐賀県など左下の「Ｂ」に位置する14県については、「将来的に病床が余剰となり、公立・公的が少ない地域」に区分される。言い換えると、これらの地域は民間医療機関の役が大きく、民間医療機関を交えた調整が求められる。

さらに、左上の「Ｃ」に位置する東京都や埼玉県、千葉県、神奈川県、大阪府、京都府、沖縄県の7都府県については「将来的に病床が不足し、公立・公的が少ない地域」に類型化されており、こうした地域ではウエイトが大きい民間医療機関（大都市部の場合は私立学校法人）と連携し、在宅医療や医療・介護連携の充実を図ることが求められる。

この指摘については、いくつかの留意が必要である。例えば、①都道府県別の数値であり、構想区域別の地域差を考慮していない、②病床数をベースにしており、外来や在宅医療などを反映できていない――といった限界がある。

しかし、それでも「公立・公的医療機関の役割を民間医療機関が担えない機能に特化する」という現在の流れだけでは、病床削減を含めた地域医療構想の達成が難しい点を把握できる。言い換えると、公立・公的医療機関の見直しは前哨戦に過ぎず、改革の本丸は民間医療機関という結論になる。

お寒い都道府県の情報開示

ここまで読まれた方は「目的が曖昧にしたまま、強引な手法に都道府県が振り回された」とか、「霞が関のパワーバランスという『大人の事情』が優先され、公立・公的医療機関から見直し論議が始まった結果、都道府県が漸増主義的な議論に巻き込まれた」と思われるかもしれない。もちろん、こうした側面は否定できないのだが、全体で見れば、地域医療構想の推進に必要な合意形成に向けた自助努力は十分と言えない。

先に触れた通り、改革の「本丸」は民間医療機関であり、地域医療構想の推進で最も重視されているのは合意形成である。このため、民間医療機関との合意形成に向けた最低限の基盤として、調整会議の資料や議事録を幅広く公開される必要がある。中でも、病床削減の議論は「総論賛成、各論反対」に陥りがちであり、時には住民や医療従事者から激しい反発を受ける可能性も考えられる。こういった事態が生まれた際、もし情報が開示されていなければ不信感が増幅し、事態が一層、混乱するかもしれない。

さらに、合意形成プロセスとは、行政の考えている素案が変わるプロセスを指す。つまり、行政が「この数字でお願いします」といった形で説明するのではなく、予算や人員の制約条件を加味しつつ、柔軟に関係者の意見に対応し、行政が徐々に案を修正することで、少しでも多くの人が納得できる線を模索する必要がある。その際、合意形成のプロセスに関して、議事録や資料が分かる情報を開示していなければ、関係者はどんな議論が展開されて来たのか把握できない。実際、地域医療構想に関して、「どのような改革を進めるにしても地域住民の納得が必要となる」（『地域医療構想のデータをどう活用するか』）といった意見が示されているほか、ヘルスケアの良いガバナンス（統治）や住民参加として、「透明性」（transparency）が論じられていることとも符合する（"Strengthening Health System Governance"）

そこで、都道府県が地域医療構想の策定・推進に際して、どのような情報開示・情報共有に取り組んできたのか把握するため、都道府県のウエブサイトに載っている調整会議の資料・議事録に関する公開度合いを検証する。検証に際しては、左記の方法で実施した。

①2019年5月25日時点で都道府県のウエブサイトをチェックし、「調整会議の資料は公開されているか」を構想区域ごとに検証する。

②さらに都道府県のウエブサイトをチェックし、「調整会議の議事録は公開されているか」を構想区域ごとに検証する。その際、熊本県が「熊本区域」「上益城区域」の会議を一体で開催するなど、幾つかの区域では複数の区域にまたがって調整会議を一体で開催したり、区域を細かく分けたりしている例も見られるが、策定時点の341区域で統一した。

③このうち議事録については、「議事録が全文（やり取りが分かる詳しい概要を含む）または一部か」「議事録は実名または匿名か」という点も構想区域ごとに検証する。

④その際、厚生労働省の集計によると、構想区域ごとの会議は2017年度で計1067回、2018年度で計1327回に及んでいるといい、平均すれば1つの区域で最低でも2年間で計7回は開催されている計算であり、2017年度、2018年度の双方を検証する。

⑤ただ、「2018年度の第2回は詳細に議事録を公開しているが、第1回は概要だけ」といった形で、同じ区域、同じ年度でも公開度合いが異なるケースが見られるため、同じ年度、同じ区域で1つでも資料や議事録が開示されている場合は「あり」にカウントする。議事録の全文または一部、実名または匿名の判断についても、これに準じる。

⑥その上で、地域医療構想を策定した後の変化を検証するため、策定プロセスにおける都道府県の情報開示・情報共有のスタンスと対比させる。具体的には、2017年3月31日現在における策定プロセスの公開度合いと、①～⑤の結果との比較を試みる。「①～⑤の分析が構想区域単位であるのに対し、⑥は都道府県単位となる」「①～⑤の調査年次が2019年5月25日現在であるのに対し、⑥は2017年3月31日現在の数字」という点で単純な比較は困難であり、1つの参考資料として用いる。

この結果、都道府県による情報開示・情報共有が不十分であることが浮き彫りとなった。まず、調整会議に提出された資料の公開度合いをチェックすると、**図表32**の通り、2018年度で63・9％の218区域、2017年度で209区域の61・3％であり、3～4割程度の構想区域で資料が公開・共有されていないことになる。さらに、70・2％（33都道府県）だった策定プロセス時点と比べると、「資料あり」の比率は少し悪化していた。

では、これらの結果をどう考えるべきだろうか。全体として6割程度の情報が開示されており、一見すると前向きのように映る。しかし、2017年度の資料についてはリンク切れで入手できない構想区域が散見され、資料を開示・共有しようという意識を欠くケースが見られた。これはウエブサイトの更新による影響と推察され、2017年度の「資料あり」の

図表32 策定・調整プロセスにおける資料の開示状況

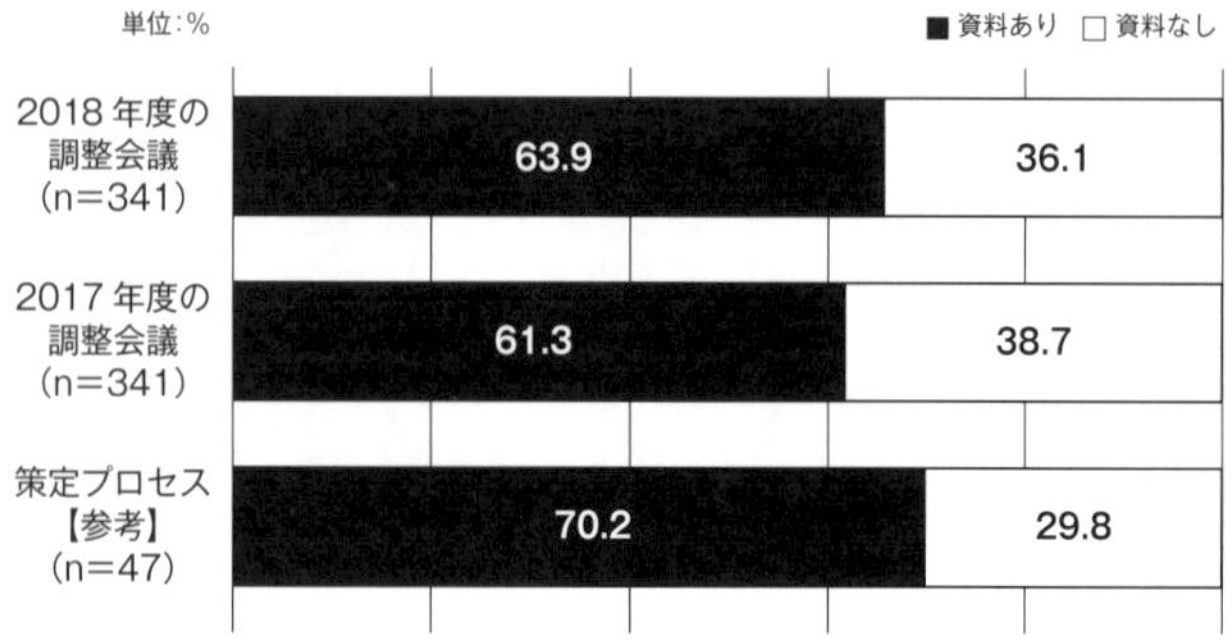

（出典）　各都道府県のウエブサイトを基に作成

図表33 策定・調整プロセスにおける議事録の開示状況

単位：%	議事録あり	議事録は全文 or 一部か		議事録は実名 or 匿名か		議事録なし
		うち議事録全文	うち議事録一部	うち議事録実名	うち議事録匿名	
2018年度の調整会議 n=341	64.8	46.3	18.5	25.5	39.3	35.2
2017年度の調整会議 n=341	61.9	42.2	19.7	24.6	37.2	38.1
策定プロセス(参考) n=47	63.8	34.0	29.8	25.5	38.3	36.2

（出典）　各都道府県のウエブサイトを基に作成
（注1）　2018年度、2017年度は2019年5月25日に閲覧
（注2）　策定プロセスは2017年3月31日閲覧。
（注3）　同じ年度で会議が複数開かれ、公開と非公開の取り扱いが異なり、1回でも議事録、資料が開示されている場合は「あり」に、1回でも全文、実名の場合も「全文」「実名」でカウントした。
（注4）　会議の結果や結論だけを短く公開しているケースも「議事録あり」に含む。
（注5）　発言内容ややり取りが分かる詳しい議事概要は「全文」でカウントした。
（注6）　都道府県や公立･公的医療機関の説明者だけ氏名を公開している場合、「匿名」でカウントした。

数字が２０１８年度よりも３ポイントほど低いのは、このためである。さらに策定プロセスの時点よりも「資料あり」の数字が悪化している点を加味すると、調整会議に提出した資料について、都道府県の情報開示・情報共有のスタンスは積極的だったとは言えない。

続いて調整会議の議事録についての公開度合いを見る。最初に、議事録の「あり」「なし」をチェックし、その上で「議事録が全文（やり取りが分かる詳しい概要を含む）または一部か」「議事録は実名または匿名か」を検証した。その結果は**図表33**の通りであり、「議事録あり」は２０１８年度で２２１区域の64・8％、２０１７年度で２１１区域の61・9％だった。つまり、６割近くの地域で議事録が公開されており、これを策定プロセスと比較すると、開示していたのは63・8％（30都道府県）だったので、ほとんど変わらなかったことになる。

しかし、開示されていた議事録の内容は十分とは言えない。議事録の有無に関する検証に際しては、１〜３行程度で結果を短く紹介しているケースについても「議事録あり」にカウントしたため、「全文（やり取りが分かる詳しい概要を含む）か一部か」をチェックすると、２０１８年度で46・３％の１５８区域、２０１７年度で42・２％の１４４区域に過ぎない。確かに策定プロセスと比べると、34・０％（16都道府県）だったので、やや改善したことになる。実際、策定プロセスでは積極的に情報を開示・共有していなかったいくつかの県が調整プロセスに際して議事録を全文か、やり取りが分かる程度まで詳しく開示するようになっており、改善の形跡が見受けられた。

しかし、「実名か匿名か」という点で見ると、実名は2018年度、2017年度ともに4分の1程度の区域にとどまっており、策定プロセスの時点とほとんど変わらなかった。

もちろん、いくつかの自治体は情報公開を丁寧に実施していた。例えば、神奈川県と熊本県は地域医療構想の策定、調整プロセスについて、議論に用いた資料だけでなく、議事録を全文、実名で公開しており、ほとんど全ての情報を入手できる。さらに、情報を欲している人にとっての使い勝手を意識しており、構想区域ごとに調整会議の資料、議事録を統一的、総覧的にチェックできるポータルサイトを作っているが、こうした模範的な事例は極めて少数派である。

中でも、留意すべきなのは実態把握の限界である。検証の過程では「2017年度の第1回調整会議の資料、議事録は公開されているけど、第2回は非開示」「2018年度の第2回は詳細に議事録を公開しているが、第1回は概要だけ」「ウエブサイトでは第2回の資料、議事録が出ているのに、第1回が開催された形跡が見受けられない」といった事例が数多く見られ、定量化に際しては「同じ年度で1回でも資料、議事録が公開されていれば、『あり』にカウントする」「1〜3行程度だけでも開催結果を開示している場合、『議事録あり』で計算する」といった形で、一定程度の基準を設けることにした。

このため、「6割の都道府県が資料、議事録を開示しており、都道府県が情報開示・情報共有に前向きだった」と一概に言い切れない面がある。次に、定量的な分析では把握し切れない不十分な事例を幾つか明らかにしていく。

情報開示を巡る悪い事例

①リンク切れで入手できない議事録

ある構想区域の議事録で見掛けた左記の発言をご覧頂きたい。公表されている議事録が匿名なので、発言者の名前は判然としないが、調整会議に名を連ねる民間医療機関の関係者による発言と思われる。

住民にどのように提示すればよいかをお考えいただきたい。ここでは各病院のベッド数の削減を協議しているが、国の示された数字にわれわれがどう合わせていくかという議論でしかない。現場で誰が説明するのか。我々が「国の方針ですから」と言ったところで、住民からは「えっ」という反応しか返ってこない。

実際の発言よりも少し短くしたが、病床削減に対する住民の反対が起きる可能性を示している点で、非常に重要な指摘である。だからこそ情報開示・情報共有が重要になると言える。

しかし、この議事録を当の住民が目にする機会は少ないと思われる。調整会議の資料、議事録を開示している県のウエブサイトから入ろうとすると、そのリンク先は切れており、この議事録を探し当てるまでにはウエブサイト内の検索欄で「◎◎区域　地域医療構想調整会議××年度」と複数回、入力しなければならなかった。こうした手間暇（機会費用）を支払う住民は恐らく皆無であり、「情報が開示・共有されている」とは言えないだろう。

②地域医療構想で住民の「協力」に言及したのに、資料・議事録が出ていないケース

さらに、こんな事例はどうだろうか。地域医療構想を策定した時点で、「地域医療構想に基づくあるべき医療提供体制の構築は、県民の協力がなければ実現できません」と書いているのに、調整会議の議事録は「事務局から資料に基づき説明がなされ、審議が行われた」などと、僅かに1～3行程度で報告しているだけである。しかし、一般常識で言うと、1～3行の内容は「議事録」と言わないし、事務局の県庁が「説明」に用いたらしい「資料」さえ開示されていないというオチまで付いている。この状態で、県や関係者が議論した「あるべき提供体制」について、「協力」させられる住民はいい迷惑だし、住民からは「バカにするな」という反応が返って来るに違いない。

皮肉が過ぎるかもしれないが、実は地域医療構想の策定から2年が過ぎている時点で、調整会議に関する議事録や資料をウエブサイトで過去、全く開示していない県が4つも存在する。

③開催告知では「公開」なのに、情報を公開していない事例

ウエブサイトを見ると、調整会議の開催を知らせる際には「会議の取り扱い：公開」としているのに、資料や議事録を公開していないケースも数多く散見された。

筆者自身の意見としては、全ての会議を闇雲に公開すれば良いとは思っていない。個別病院の経営判断に直結する微妙な話題については、関係者が数多く参加する公開の場で取り上げるのは難しいため、会議自体を非公開で開催したり、関係者が非公式に下打ち合わせしたりする必要性は理解できる。現に議事録を全文、実名で公開している構想区域でも、2部構成にして後半を非公開にしているようなケースがあった。

しかし、それでも税金で運営されている調整会議は公開を原則とすべきであり、非公開にするのであれば相応の理由が必要になる。そもそも傍聴を認めているのに、資料や議事録が開示されていない理由はどこにあるのだろうか。

④統一感を欠く情報開示・情報共有の事例

情報を開示・共有する方法に統一感が見られない事例も数多く見られた。例えば、「第1回の資料・議事録がないのに、第2回の分だけが掲載されている」「過去2〜3回分の資料・議事録は掲載しているのに、その以前は入手できない」「一部の資料や議事録のリンク先が切れている」「2017年度分は全文、実名で丁寧に公開しているのに、2018年度分は議事概要、匿名に変わった」「2017年度の会議録が依然として『準備中』になっている」といった事象が数多く見られた。

このほか、区域ごとに公開度合いが異なるケースも多く、「A区域は資料・議事録を公開しているのに、B区域は全く開示していない」「他の区域は全て資料・議事録を開示していないのに、C区域だけ開示している」といったケースが数多くあり、先に触れた通り、ウエブサイト内の検索欄で「◎◎区域　地域医療構想調整会議　××年度」と入力しなければならなかった。これは調整会議の運営を保健所や出先機関が担っている関係で、統一的な運用がなされていないことを示す。以上のような状況は情報を入手したい人間にとって、相当なフラストレーションになり、結果的に都道府県のスタンスが問われることになりかねない。

不十分な情報開示・情報共有の問題点

議事録の公開が不十分な点は調整会議を活性化できない原因にもなり得る。この点については、「都道府県職員が見落とした情報にこそ、価値が眠っている可能性がある」「民間医療機関など外部委員の手間暇（機会費用）に考慮すべきだ」という2点で考察を深めたい。

まず、前者から述べよう。例えば、都道府県の職員が議事録を整理する際、「特に発言・質疑なし」と判断したとしても、そこには調整会議に参加する外部委員の関心事を把握する上で、重要な手掛かりが眠っているのではないだろうか。その一例として、全文、実名で公開されている議事録を読むと、調整会議に参加している民間医療機関の経営者が「病床機能報告と必要病床数の違いは何か」「必要病床数の計算式はどうなっているのか」などと、制度の考え方や運用を担当職員に尋ねているケースが散見された。これらは民間医療機関から見れば経営を左右しかねない不安材料であり、調整会議の席で確認したのかもしれない。

つまり、こうした発言や質問が出たこと自体に価値があり、その不安を払拭するのが担当職員の腕の見せ所である。議事録上では「特に発言・質疑なし」とされる調整会議で果たして、本当にこうしたやり取りがなかったのだろうか。

さらに、筆者が都道府県の職員だとすると、「発言や質疑がなかったこと自体が問題なのではないか」という不安に駆られることであろう。これだけ民間医療機関の経営や住民の健康・生活に影響する案件について、民間医療機関の経営者や市町村の担当者から一切、意見や質問が出ないこと自体が不思議だからである。そうなると、国から示されている膨大な資料の説明に時間が費やされ、実質的な議論に時間を割けなかったことが原因かもしれないし、盛り沢山の資料を直前に送付してしまったため、外部の委員が資料を読み解く時間を取れなかった可能性も考えられる。こうした点が原因だとすると、都道府県の職員は調整会議の外部委員、中でも民間医療機関の関係者の信頼を勝ち取る好機を逸しているのかもしれない。

もう1つの「民間医療機関など外部委員の手間暇（機会費用）に考慮すべきだ」という点では、調整会議の外部委員の立場で考えると、問題点が見えて来る。例えば、調整会議に名を連ねている民間医療機関の経営者は診療や経営に充てる時間を割いて会議に参加しており、これは他の委員も大同小異である。会議に参加する時間だけでなく、資料を読み解く時間、移動時間などを考えれば、相当な手間暇（機会費用）を払っていることになる。

それにもかかわらず、自らの発言・質疑が「特になし」と編集・総括されていることを知ったら、どう思うだろうか。恐らく調整会議に出席し、そこで発言する手間暇（機会費用）を惜しむことであろう。その結果、調整会議の議論は実効的にならず、民間医療機関による陳情の場か、都道府県が国の事務連絡をお知らせする場にとどまってしまう危険性がある。

確かに都道府県が調整会議の意見を編集し、政策立案の参考になるように構造的に整理することは重要である。実際、調整会議で出た意見を「基本理念」「在宅医療対策」などと整理し、県の意見や対応策を記載した資料を開示・共有しているケースが見受けられた。

ただ、調整会議の発言が重要か否か判断する主体は本来、情報の受け手である住民や民間医療機関である。原則として調整会議で出た意見や質問は編集せずに開示すべきである。

以上のような実態を見て、どう思われるだろうか。合意形成の前提となる情報開示が不十分な実態を踏まえると、「都道府県が被害者」とは言えなくなって来る。さらに、新聞社の調査報道（２０１９年12月５日『読売新聞』）を加味すると、推進主体の都道府県自体が「総論賛成・各論反対」状態となっている様子を理解できる。

報道によると、33道府県が「再編統合が必要」と答えたという（「必要と思う」「どちらかといえば思う」の合計）。さらに「名指し」の方法について、46都道府県が地域事情を踏まえず、一律のデータで選定したことを問題視していたほか、国への要望としては33道府県が財政支援を挙げていた。一見すると、至極真っ当な回答内容に映るかもしれないが、お寒い情報開示の実態を加味すると、別の姿が見えて来ないだろうか。

誤解を恐れずに分かりやすい構造で説明すると、「本音では再編・統合が必要と思っているのに、議事録や資料を開示せず、合意形成を図ろうとしていない」「地域の事情を考慮するのは自らの仕事であるにもかかわらず、国の強引な手法に対して、『地域の実情が反映されていない』と文句を言いつつ、国には『カネをくれたらできる』と言っていた」といった状況が見えてくる。一部の事例を除けば、残念ながら策定主体の都道府県も「総論賛成・各論反対」の状態であり、こうした都道府県のスタンスも議論が混乱した遠因と言える。

このように見ると、「過剰な病床の削減による医療費抑制」「切れ目のない提供体制の構築」という2つの目的を混在させた厚生労働省の対応が混乱の遠因となったが、情報開示に向けた都道府県のスタンスを見ると、合意形成を重視しなければならない地域医療構想の本質を理解しているとも思えなかった。こうした中で、医療費抑制を重視する経済財政諮問会議や財務省のプレッシャーが強まり、424病院の「名指し」など国の統制が強まったと言える。

しかも、ここに新たな不確定要素が生まれた。2020年初旬から感染が拡大し始めた新型コロナウイルスへの対応である。これを次章で述べることにしたい。

第5章

新型コロナウイルスの感染拡大と地域医療構想への影響

新型コロナウイルスの影響は？

医療従事者に感謝を――。2020年5月29日、航空自衛隊のアクロバットチーム「ブルーインパルス」が東京都内上空を旋回し、最前線で医療に当たる医師、看護師などの医療従事者に感謝の意を示した。実際、救急現場や感染症対策医療機関を中心に、医療従事者がギリギリの努力を見せたことで、患者が殺到したり、院内感染が発生したりして、医療機関が患者を受け入れられなくなる「医療崩壊」を防げたことは、日本の死亡者数を抑制できた一因だったと言える。

しかし、新型コロナウイルスの影響に比べると、地域医療構想が想定している人口減少、高齢化の影響は中長期的に及ぶため、病床削減や在宅医療の拡大などを目指す地域医療構想の大前提を修正しようという動きは出ていない。一方、短期的には新型コロナウイルスに対応するため、病床数の確保が求められるため、都道府県は新型コロナウイルスへの対応策を考えつつ、地域医療構想に基づいて病床削減や在宅医療の拡大などを進める難しい舵取りを迫られている。実際、加藤厚生労働相は「(筆者注：感染症に)勘案をしながら(略)地域における医療提供体制を強化していく」との見解を示した(2020年4月30日参院予算委員会)。言い換えると、地域医療構想の調整を担う都道府県にとっては、さらに1つ難しい要素が加わったことを意味する。

では、新型コロナウイルスは地域医療構想にどう影響するのか。あるいは国・都道府県は新型コロナウイルスへの対応策をどうやって地域医療構想の議論に反映させるべきか、その際には何が問題となるのか――。これらの問いを本章で考えることにしたい。

公文書館資料から浮かび上がる地域医療構想とコロナの相性の悪さ

まず、念頭に置きたいのが地域医療構想と新型コロナウイルスの相性の悪さである。この点を考えるため、感染症対策と医療の関わりを少し述べて行きたい。

そもそも長い人類の歴史を振り返ると、人類を長く苦しめたのは結核やコレラ、赤痢、肺炎などの感染症であり、「黒死病」という異名を持つペストは何回か中世のヨーロッパで拡大したほか、コレラも19世紀に計6回に渡って世界に伝播した（『疫病の時代』）。「スペイン風邪」と呼ばれたインフルエンザは第1次世界大戦の間に、世界各国に拡大し、日本では対外領土を含めて全人口の1％程度に相当する約74万人が亡くなったとされている（『日本を襲ったスペイン・インフルエンザ』）。

さらに第2章で触れた通り、敗戦直後まで結核が死亡理由の上位に入っており、患者を隔離する「サナトリウム」という療養所が随所に設置された。１９５６年に初めて発刊された

写真 コレラ予防で活躍した巡査の褒賞金再交付を求める公文書

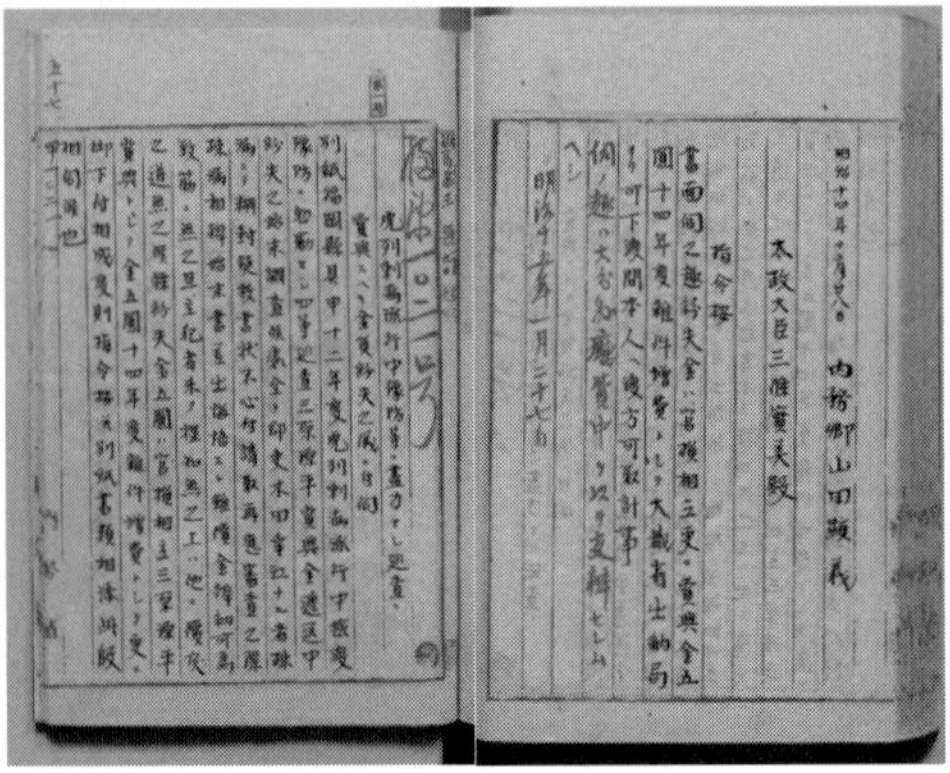

（出典）　国立公文書館デジタルアーカイブ

『厚生白書』でも結核患者の治療や社会復帰支援などについて紙幅を割いているほか、1960〜1961年にはポリオが大流行し、市民の要請を受けた古井喜美厚相の政治決断で、当時のソ連から生ワクチンを輸入する一幕もあった。

しかし、公衆衛生の発達や新薬の開発などを受け、少なくとも先進国では感染症の脅威が相当、減退した。そこで、感染症が珍しくなかった当時を理解するため、国立公文書館に所蔵されている資料を通じて、明治期の感染症対策を考察し、そこから現在との共通点、さらに地域医療構想の流れと異なる2つの点を抽出したい。

写真は「虎列刺病流行中予防等ニ尽力セシ巡査賞与金紛失ニ付下渡方ノ件」（請求番号：公03232100、件名番号057）という表題の風変わりな公文書である。ここで言う「虎列刺」とは、コレラの意味。1879年（明治12年）

の大流行では西日本を中心に感染が拡大し、10万人規模の死者が出た。この公文書によると、コレラ予防で活躍した福岡県の三原という元巡査に対し、政府から5円の褒章金が出ることになったものの、引退後に故郷の大分県で隠棲していた三原に届いた郵便は何故か封緘されておらず、封筒の中から5円が消えていた。そこで、内務卿（現在の厚生労働相）の山田顕義（日本大学、國學院大學の創始者）が1881年（明治14年）12月、太政大臣（現在の首相）の三条実美に対し、再交付を要請したという内容が書かれている。

この時のコレラに代表される通り、当時の日本ではインフルエンザ、性病、腸チフスなど次々と感染症が発生しており、その理由として①江戸期の長い「鎖国」で免疫力が弱かった、②栄養状態が良くなかった、③上下水道が整備されていなかった――などが指摘されている（『医療』）。

結局、公文書の末尾に1882年（明治15年）1月27日の日付で、「支出セシムヘシ」と赤字で書かれており、三原は無事に5円を受け取ったと見られるが、なぜ巡査がコレラの「予防」に「尽力」したのか。当時の行政機構は今ほど細分化、専門化していなかったにしても、不思議な感覚を持つ。公文書を見ても、どんな仕事に三原が従事したのか分からないので、明治期の医療を紹介している『明治医事往来』という書籍を基に、謎解きを試みる。

ドイツ人、コッホがコレラ菌を発見したのは1884年のこと。このため、それ以前の当時の予防は隔離と消毒しかなかった。そこで、コレラの感染が明らかになると、巡査が家に上がり込み、感染者を隔離したほか、家具などを消毒していたという。しかも有無を言わさず、強権的に実施され、民衆では「いやだいやだよ　じゅんさはいやだ　じゅんさコレラの先走り」という歌が流行ったという。

さらに「避病院」という隔離先の環境が劣悪だったため、強制隔離は「死」を意味するようになり、コレラが猖獗を極めた1879年には、恐怖に駆られた民衆が巡査を殴るなどの「コレラ一揆」が全国で24件も起きたという。隔離や消毒に当たる巡査が「権力の象徴」として受け止められ、コレラとともに民衆から忌避されていたと言える。

以上の記述を通じて、新型コロナウイルスへの対応との共通点を見て取れる。第1に、隔離が中心という点である。新型コロナウイルスに関しては、薬やワクチンが開発されておらず、陽性者は隔離されている。つまり、感染拡大や重症化を防ぐ手立てがない中で、明治期のような医療が部分的に戻って来たことになる。第2に、隔離や消毒などの場面で行政による公権力の行使が前面に出ている点である。この2つの点を見ると、地域医療構想で想定されている政策の考え方が新型コロナウイルスに適応しにくい、分かりやすい言葉で言えば相性が悪いため、別の手立てを考えなければならない点が浮き彫りになる。以下、2つの点を詳しく論じる。

医学モデルの部分的な復活

第1に、明治期の医療が部分的に復活した点である。新型コロナウイルスへの対応では、ウイルス感染を調べる「PCR検査」などを通じて、感染している人を見付け出すとともに、感染していない「健康」な人を守るため、感染した人を病院やホテルなどに隔離する対応が取られている。これは公文書館の資料で紹介したコレラへの対処と同じ内容を含んでいる。こうした伝統的な医療を一般的に「医学モデル」と呼ぶ。

これに対し、地域医療構想が想定している医療は生活の支援に力点を置いている。具体的には、第2章で述べた通り、認知症ケアなど慢性疾患に対応するため、患者と環境の関係性に着目しつつ、生活を支える「生活モデル」の重要性が意識されていた。実際、地域医療構想の制度化に繋がった2013年8月の社会保障制度改革国民会議報告書でも「治し、支える医療」という言葉を使い、医学モデルから生活モデルへの転換が想定されていた。高齢者人口の増加という中長期的なトレンドを踏まえると、生活モデルの重要性は変わらないと思われるが、感染症リスクに直面した今、医学モデルも加味しつつ、今後の医療制度改革を議論する転換が必要になる。

行政中心アプローチへの回帰

第2が「行政中心アプローチへの回帰」という点である。やや大仰に映るかもしれないが、冷戦崩壊後、世界的に進んだ現象は「脱国家化」であり、日本でも規制緩和や民営化、地方分権、市民参加が進められた。つまり、自治体や民間企業、市民など様々な主体が公共に関わる機会を増やすことで、「統治の質」を高める流れが強まった。その背景には国家財政の悪化だけでなく、ライフスタイルや価値観の多様化があり、「国だけが社会の行方を決めるのは難しい」という判断がベースにあった。こうした現象を行政学では「ガバメント（government）からガバナンス（governance）へ」という言葉で説明されていた。つまり、ガバナンスには国家や政府の存在を前提に論じる「国家中心アプローチ」と、民間セクターも含めて、多様な関係者同士の水平な関係性を重視する「社会中心アプローチ」の2つがあり、「ガバメントからガバナンスへ」という考え方は後者を重視している（『ガバナンス論の現在』）。

これらの議論を踏まえると、関係者の合意形成を重視している地域医療構想が社会中心アプローチのガバナンス論を基礎としており、大きく言えば「ガバメントからガバナンスへ」という流れに乗っていると言えるであろう。

しかし、新型コロナウイルスが状況を一変させた。感染症対策に関しては、行政が「公共の利益」のために私権を制限する場面が増える上、短期間に判断を下す必要に迫られる分、行政が民主的な合意形成プロセスを経る時間もなくなる。実際、他国では都市封鎖（ロックダウン）も含めて、市民の権利を中央政府が厳しく制限しており、日本でも臨時病院の設置などに関して私権制限を可能とする「緊急事態宣言」が新型インフルエンザ等対策特別措置法に基づいて発令された。これらの事象に関しては、スペイン風邪に関する歴史書が「（注：大規模感染症の時は）民主主義もきわめて危険な政治形態となりうる。本当に必要とされるのは（略）すべてを掌握する、強力な中央集権である」と論じていることと符合する（『史上最悪のインフルエンザ』）。日本では強力な私権制限を伴わない対策を講じたが、それでも休業しないパチンコ店の名前公表、越境者に対する任意での体温検査、予算・条例の専決処分などが実施され、程度の差は別にして、行政中心アプローチは感染症対策の共通点と言える。地域医療構想に及ぼす影響を考える際、今までと異なる2つの点を反映させる難しさを念頭に置く必要がある。

では、どういった影響が考えられるのだろうか。感染再拡大の危険性などを踏まえると、将来を見通すのは難しい面があるが、短期的な影響と中長期的な影響に切り分けつつ、今後の方向性を占うことにしたい。

公立病院を先に見直す流れは軌道修正されるか？

最も分かりやすい影響としては、スケジュールが狂った点である。第4章で述べた通り、「名指し問題」の後、国と地方の関係が正常化したことで、厚生労働省が9月頃をメドに、公立・公的医療機関の再編について一定の結論を出すように期待していたが、新型コロナウイルスへの対応に忙殺されたことで、それどころではなくなった。このため、加藤厚生労働相は「当初考えていたスケジュールでやみくもに押すということは全く考えておりません」（2020年4月3日衆院厚生労働委員会）と述べるに至った。

さらに公立病院の再編・統合を優先させようとした議論の進め方についても、影響は避けられない。感染症指定医療機関の多くは公立病院であり、現場の最前線でフルに稼働した。このため、平時に戻った後、感染症対策を考慮しないまま、公立病院の機能を見直そうとしても、住民などの理解を得られるとは考えにくく、公立病院の見直しを優先していた進め方自体が影響を受けることになりそうだ。

地域医療構想で感染症対策に言及したのは9つ

次に、中長期的な影響を予想する。人口の長期的な動向などを考えると、「医学モデルから生活モデルへ」「ガバメントからガバナンスへ」という大きな流れが変わるとは考えにくく、病床削減を含めて地域医療構想の発想は今後も必要と考えられる。

しかし、地域医療構想に感染症対策は全く考慮されていない。実際、地域医療構想を策定した際、何らかの形で感染症対策に言及したのは僅か9都府県に過ぎない。こうした中、地域で病院再編の議論を再開しても、住民を含めた関係者の理解を得られるとは思えない。

そこで、今回の一件で得られたデータや知見を参考にしつつ、「大規模感染症に備える病床・機器、人材をどう確保するか」という議論を加味することで、医学モデルの考え方を取り入れる転換は欠かせなくなる。その際には施設に余分を持たせる「冗長性」（リダンダンシー）という災害対策の考え方を参考にして、冗長性の規模及び冗長性を維持するためのコストも勘案しつつ、感染症対策を加味する必要に迫られている。こうした意見は既に日本医師会から示されており、中川会長は副会長時代、「病床稼働率が低い公立・公的医療機関等、特に病棟単位で空いているケースは、そのまま空けておくのも1つの在り方」と述べている（2020年5月2日『m3.com』配信記事）。

例えば、「スタッフを確保できない」などの理由で一部が休床状態となっている場合、地域医療構想の議論では見直し論議の対象となっていた。このため、病院としては、病棟を建て替えて病床数を減らすなどの対応が求められるところだった。しかし、感染症に備えるため、病棟の最上階は休床状態とし、感染症が発生した際にはベッドや医療機器を運び入れて感染症対策のベッドとして活用するような方策が考えられる。実際、平井鳥取県知事からは「ベースとなるのは災害対策。どこの自治体でも本当はやれるのではないでしょうか」（２０２０年８月号『中央公論』）といった形で、災害対策との共通点を指摘する意見も示されている。

さらに医療計画制度を改正し、感染症対策を加味する必要もある。現在、医療計画制度では５疾病（がん、脳卒中、急性心筋梗塞、糖尿病、精神疾患）、５事業（救急医療、災害時医療、へき地医療、周産期医療、小児救急医療・小児医療）と在宅医療に関する施策を盛り込むことが義務付けられているが、ここに感染症対策を加えるイメージである。

国と都道府県の軋轢

国と地方の関係や都道府県の権限についても見直しを迫られると思われる。今回の一件では緊急事態宣言の発令・解除のタイミングなどに関して、国と自治体の意見が対立するなど、国と都道府県の権限関係が整理されているとは言えなかった。新型インフルエンザ等対策特別措置法に基づき、政府が「緊急事態宣言」を発出する一方、外出自粛要請や店舗を含む施設の使用制限の要請、指示、名称公表などの権限を都道府県に委ねている。

だが、政府はコロナ対策に関する基本的対処方針の中で、休業要請に際しての「国との協議」

を盛り込むことで、知事による業種選定に縛りを掛けようとした。このため、国と東京都の調整が難航し、東京都の小池百合子知事が「代表取締役社長かなと思っていたら、天の声が色々と聞こえまして、中間管理職になったような感じ」と述べる一幕もあった（4月10日会見）。

さらに緊急事態宣言を解除するタイミングでも軋轢が見られた。外出自粛や休業要請を解除するタイミングについて、大阪府が独自の「大阪モデル」を公表した際、吉村洋文知事が「本来ならば国に示してほしかった」と批判したところ、西村康稔経済再生担当相が「勘違いしているのではないか。強い違和感を覚える。（筆者注：自粛の）解除は知事の権限だ」と反論する場面も見られた（5月7日『朝日新聞』配信）。実際、自粛の解除基準や休業要請の対象業種などを巡る都道府県の判断にバラツキが見られ、制度の運用が分かりにくくなった面があった。

今後については、報道各社の調査を見ると、「現行制度における都道府県の権限は不十分」と答える知事が多くなっている（2020年6月22日『朝日新聞』配信、5月3日『共同通信』配信）ことを踏まえると、休業要請などに関する都道府県知事の権限を強化する流れが強まりそうだ。

一方、不足が指摘されている医療用の高機能マスクや人工呼吸器などの医療資材については国が備蓄し、万が一の時には国が都道府県や医療・福祉の現場に分配できるような制度改正が必要になると思われる。

医療行政の都道府県化には「追い風」か？

地域医療構想を含めた「医療行政の都道府県化」にとって、新型コロナウイルスは「追い風」になると思われる。今回の一件を通じて、医療行政に関して、都道府県が十分な能力を持っていることが立証され、むしろ混乱していた国を尻目に、独自の対応を取る自治体が散見された。

例えば、和歌山県は「発熱４日以上」とする政府の検査基準に反発し、独自の判断で対象を拡大させた。さらに、３月下旬以降にＰＣＲ検査の目詰まりが深刻化した中、国の対応は後手に回っていたが、東京都医師会や鳥取県などはいち早く検査充実に踏み切ったし、重症患者を確保する病床の確保、軽症者や無症状者を受け入れるホテルとの調整などでも、都道府県が主導的な役割を果たした。このほか、医療に比べると、後手に回った感は否めないが、５月中旬以降にはクラスター（感染者集団）が発生しやすい介護施設・事業所への対応にも着手する都道府県が出始め、例えば大規模なクラスターに見舞われた富山県では初動に当たる専門チームを編成する意向を示した（２０２０年６月４日『富山新聞』）。

もちろん、全ての都道府県で対応がスムーズだったとは言えないし、２０２０年度補正予算に計上された「新型コロナウイルス感染症緊急包括支援交付金」（以下、包括交付金）など、国から様々な財源措置が講じられたことも影響したのは事実である。例えば、包括交付金の使途は比較的自由であり、他の交付金などを絡ませれば、国の定めた基準額を超える支援も可能であり、都道府県の裁量が大きかった。さらに規模も巨額であり、第1次補正が1490億円、第2次補正の医療分は計1兆6279億円に上り、最終的に包括交付金は全額国庫負担となった。

少し意地悪な言い方かもしれないが、都道府県が「国の縛りがきつい」とか、「財政が厳しい」といった言い訳が難しくなるほどの予算措置が講じられたわけだ。その結果、後手に回った国よりも先んじる形で、都道府県が様々な対応策を展開したことで、医療行政に関して都道府県が能力と経験値を備えていることを立証したと言える。言い換えると、これから一層、医療行政の都道府県化を進めたとしても、その受け皿は既に整っていることを示したと言える。

実際、2020年7月に閣議決定された「骨太方針」では「感染症への対応の視点も含めて、質が高く効率的で持続可能な医療提供体制の整備を進めるため、可能な限り早期に工程の具体化を図る」「地域医療構想調整会議における議論の活性化を図るとともに、データに基づく医療ニーズを踏まえ、都道府県が適切なガバナンスの下、医療機能の分化・連携を推進する」という文言が盛り込まれており、新型コロナウイルスへの対応は医療行政の都道府県化を進める方向に働く可能性が高い。

第6章
国と地方の関係はどう変わるか

分権しつつ集権する逆説

医療政策に限らず、政策立案プロセスでは様々な力学が働く。この結果、しばしば矛盾あるいは逆説的な状況が生まれる。地域医療構想や医療行政の都道府県化についても、これまで見た通り、「分権化」が進みつつある半面、「集権化」という真逆の動きが同時に進んでおり、「分権しつつ集権する」という逆説的な状況が生まれている。

具体的には、医療行政に関する都道府県の役割を大きくする一方、財政支援やアドバイザーの選任などを通じて、国は都道府県に対する締め付けを少しずつ強化している。日本の地方自治制度では、国と地方の権限関係が入り組んでおり、相互に補完し合っている。このため、地方から国に権限を「逆」移譲したり、国の出先機関の権限を拡大したりしなくても、国の統制を強めることができる。第4章で触れた「名指し」は国の介入であり、医療政策で現在、起きている現象は単なる「分権」、あるいは国の締め付け強化という「集権」だけでは説明できず、「分権しつつ集権する」という逆説的な状況である。

では、こうした逆説的な状況は一体、どんな場面で見られるのか、その理由として何が考えられるのか――。これが本章のテーマである。

地域医療構想アドバイザーと保険者努力支援制度

まず、国の締め付け強化の一例として、地域医療構想の推進に際して、学識者の助言を求める「地域医療構想アドバイザー制度」が挙げられる。アドバイザーの役割や要件は**図表34**の通り、(A)厚生労働省が開催するアドバイザー会議への出席、(B)都道府県への技術的支援、(C)都道府県が開催する調整会議への出席――を活動内容とし、約70人が選任されているという。こうした外部の知見を取り入れること自体、必要な施策である。

しかし、都道府県の推薦に従って国が「選定」する仕組みとなっている点が不可解である。そもそも、地域医療構想の推進を含む医療行政の大半は「自治事務」とされ、法令に違反しない限り、自治体が裁量的に運用できる。それにもかかわらず、国が「選任」するのはなぜだろうか。確かに地域医療介護総合確保基金など国の補助金を用いた場合、都道府県は国に報告する義務が課されるが、独自財源で費用を賄うのであれば、国が「選任」する根拠が見当たらない。現場を預かる都道府県よりも、国の方が最適な判断を下せると言うのだろうか。

次に、国民健康保険の都道府県化に際して作られた「保険者努力支援制度」である。これは都道府県や市町村の取り組みを評価するため、国が一定の指標を設定するとともに、指標ごとに点数を付与することで、都道府県と市町村の取り組みを採点することに力点を置いて

図表34 厚生労働省が示した地域医療構想アドバイザーの内容

<役割>
- 都道府県の地域医療構想の進め方について助言すること。
- 地域医療構想調整会議に出席し、議論が活性化するよう助言すること。

<活動内容>
- 厚生労働省が主催するアドバイザー会議への出席(年2～3回)
- 担当都道府県の地域医療構想の達成に向けた技術的支援(適宜)、担当都道府県の地域医療構想調整会議への出席(適宜)など

<選定方法>
- 国が、都道府県の推薦を踏まえて選定する。
- 都道府県ごとに複数人を選定することも可とする。
- 都道府県は選定要件を参考に、都道府県医師会と協議しつつ、大学・病院団体などの意見も踏まえて、地域に密着した有職者を推薦する。

<選定要件>
- 推薦を受ける都道府県の地域医療構想、医療計画などの内容を理解していること。
- 医療政策、病院経営に関する知見を有すること。
- 各種統計、病床機能報告などに基づくアセスメントができること。
- 推薦を受ける都道府県の都道府県医師会などの関係者と連携が取れること。
- 推薦を受ける都道府県に主たる活動拠点があること。

(出典)　厚生労働省資料を基に作成

図表35 保険者努力支援制度の指標と採点項目

保険者共通の指標	国保固有の指標(市町村分)	都道府県
指標① メタボ健診の実施率、メタボ該当者・予備群の減少率 ・メタボ健診実施率【50点】 ・メタボ健診指導実施率【50点】 ・メタボ該当者・予備群の減少率【50点】	指標① 収納率向上に関する取組 ・保険料収納率(過年度分を含む)【100点】	指標① 主な市町村指標の都道府県単位評価 ・メタボ検診の実施率【20点】 ・糖尿病の重症化予防の取組【10点】 ・個人インセンティブの提供【10点】 ・後発医薬品の使用割合【20点】 ・保険料収納率【20点】 ※都道府県平均に基づく指標
指標② メタボ健診に加えて他の健診の実施や健診結果などに基づく受診勧奨の取組 ・がん検診実施率【30点】 ・歯科疾患健診実施状況【25点】	指標② 医療費の分析等に関する取組 ・データヘルス計画の実施状況【40点】	指標② 医療費適正化のアウトカム評価 ・都道府県道の医療費水準を評価【10～30点を加点】 ※国保被保険者に関する1人当たり医療費に着目し、その水準が低い場合or前年度より一定程度改善した場合に評価
指標③ 糖尿病の重症化予防の取組 ・糖尿病予防の取組【100点】	指標③ 給付適正化に関する取組 ・医療費通知の取組【25点】	指標③ 都道府県の取組 ・医療費適正化の主体的な取組状況【30点】(保険者協議会、データ分析、重症化予防など) ・医療提供体制化の推進【※30点】 ・法定外繰入の削減【30点】
指標④ 広く加入者に行う予防・健康づくりの取組 ・個人へのインセンティブ提供【70点】 ・個人への分かりやすい情報提供【25点】	指標④ 地域包括ケアの推移に関する取組 ・国保の視点から地域包括ケアの取組【25点】	▶「※」は今後、具体的な評価項目を検討
指標⑤ 加入者の適正受診・適正服薬を促す取組 ・重複服薬者に対する取組【35点】	指標⑤ 第三者求償の取組 ・第三者求償の取組【40点】	
指標⑥ 後発医薬品の使用促進に関する取組 ・後発医薬品の促進の取組【35点】 ・後発医薬品の使用割合【40点】	指標⑥ 適正かつ健全な事業運営の実施状況 ・適正かつ健全な事業運営の実施状況【50点】	
	◆このほか、人口規模に応じて加算する「体制構築加算」として60点がある。	

(出典)　厚生労働省資料を基に作成
(注1)　2018年度現在。

いる。配点項目や配点額は**図表35**の通りであり、地域医療構想の推進を含めた医療提供体制も考慮されている。

分かりやすく言えば、国が定めた指標と採点項目に従って都道府県、市町村の政策を誘導し、その進み具合に応じて、国が都道府県、市町村の取り組みを「採点」する制度である。つまり、自治体から見ると、地域の課題とは無関係に、配点基準と配点数に応じて取り組みを進めれば、国から受け取る補助金が増える仕掛けである。予算額も１０００億円前後でスタートし、２０２０年度予算で５００億円が追加された。

筆者自身の意見として、国が自治体の取り組みを一定の評価基準で採点すること自体、それほど問題と考えていない。こうした評価項目で都道府県や市町村の取り組みが可視化されれば、住民や地方議会で「なぜウチの地域は取り組みが遅れているのか」「もう少し数値を向上できる余地はないのか」といった議論が可能になるためだ。もちろん、国民健康保険の運営は自治事務なので、国の採点項目に従う必要はなく、都道府県や市町村は「国の採点項目では低くなっているが、別の××分野を優先しているためだ」と説明できるし、その是非を地方議会や住民が論じることも可能である。

しかし、国が自治体の取り組みを採点した上で、その採点基準に沿って補助金を分配するのは問題である、国の採点基準で高い数値が付いたとしても、その地域で課題となっているとは限らないためである。これは自治体に対する国の関与を強める意味で、集権化の要素を持っている。

そもそも2000年代の地方分権改革では、こうした誘導的な補助金を減らす流れになっていた。例えば、1997年9月の地方分権推進委員会の勧告では国の補助金の弊害について、①国と地方の責任の所在の不明確化を招きやすい、②地域の知恵や創意を生かした自主的な行い財政運営を阻害しがちである、③細部にわたる補助条件や煩雑な交付手続が行政の簡素・効率化や財政資金の効率的な使用を妨げる要因となっている——などと指摘していたのだが、こうした意見は現在、政府内だけでなく、地方側でも耳にしない。

さらに不可解なことに、配点基準や配点額は全て「通知」に委任されている。通知とは、法律や政令、省令に基づいて自治体に示される「技術的助言」であり、法令に比べれば法的拘束力は弱く、自治体は法令に違反しない限り、対応してもいいし、無視できる。このため、通知は「(筆者注:技術的助言の)範囲を越えて、規範性や拘束性を持つとすれば違法」(2011年3月10日の総務委員会における片山善博総務相答弁)と理解されている。

しかし、保険者努力支援制度の運用は全て通知に委任されており、配分基準や配点を役所の都合で自由に変えやすい仕組みになっている点で、自治体にとって予見可能性、あるいは住民にとって透明性が低い。この点で見ても、国の統制を強めている制度と言える。

図表36 病床ダウンサイジング交付金のイメージ

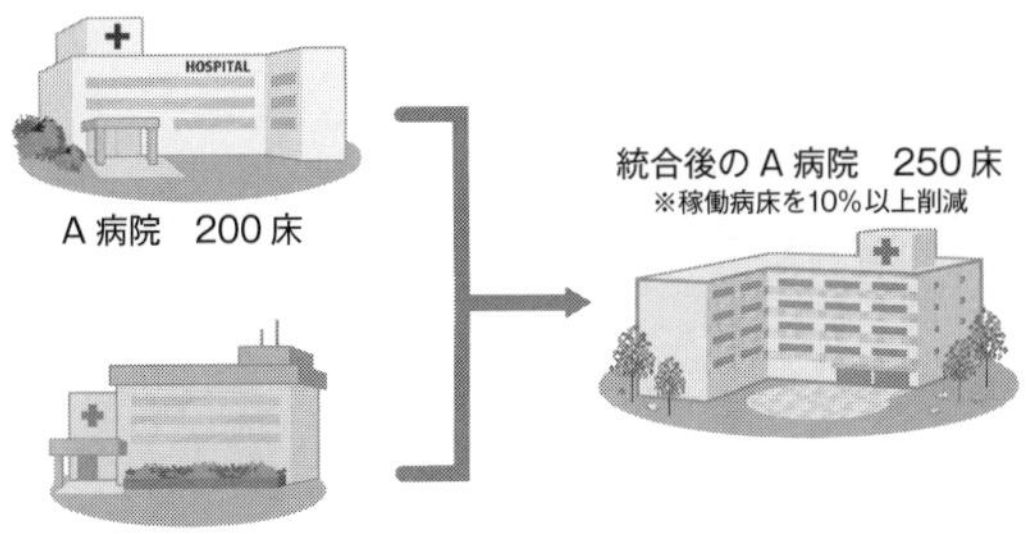

（出典）　厚生労働省資料を基に作成
（注）　複数病院の統廃合のケースを想定。

病床「減反」交付金が登場

2020年度予算に盛り込まれた病床のダウンサイジングを支援する交付金も集権化の1つと言える。この交付金は**図表36**の通り、病院を統廃合したり、単独病院で病床を転換したりした結果、病床が10%以上減った場合、それに伴う損失額などを補填する内容である。既に地域医療介護総合確保基金では、再編統合に伴う施設・設備整備の費用や不要となる病棟・病室の損失、早期退職に伴う退職金の割増相当額などに充当できたが、この交付金は統廃合に伴って生まれた損失を補填することを目指しており、厚生労働省の資料では「地域医療介護総合確保基金とダウンサイジング支援の組み合わせを通じて、財政支援の死角を無くす」という趣旨が説明されている。しかも、この交付金は国費100%であり、自治体の負担（裏負担）がゼロという点で、かなり異例である。

　こうした異例の財政支援制度が生まれた背景には医療費の抑制を重視する観点に立ち、地域医療構想の推進を迫る経済財政諮問会議のプレッシャーがあった。例えば、２０１９年10月の経済財政諮問会議では、民間議員が「無駄なベッドの削減は増加する医療費の抑制のために大変重要であり、官民合わせて13万床の過剰病床の削減、急性期から回復期への病床転換等について、期限を区切って必ずやり遂げて行かなくてはならない」「病床機能転換、病床の整理・合理化を積極的に図る民間病院に対して、今後3年程度に限って集中的かつ大胆に財政支援をしてはどうか」（10月18日議事要旨）と主張し、思い切った支援策が必要と訴えた。

　これには地方側の意向も絡んでいた。全国知事会の代表として、平井鳥取県知事は２０１９年11月に開催された地域医療確保に関する国と地方の協議の第2回会議で、「国の支援策、地方財政上の措置を年末の予算編成のタイミングで出してもらわないと、地域でそれを進めていくレールを敷くことができないという危惧を持っている」（11月12日『m3.com』）と要望していた。さらに、２０１９年12月5日『読売新聞』の都道府県向けアンケート調査の結果によると、33道府県が「国の財政支援が必要」と訴えていた。こうした意向を踏まえて、かなり異例の交付金が生まれたと言える。

　この交付金の性格を理解する上では、農業政策の「減反」（コメの生産調整）との比較が分かりやすい。農業政策では戦後、国がコメを買い取る食糧管理制度が採用されていたが、

1960年代頃から消費者のコメ離れやコメの生産能力向上を受けて、コメが余るようになり、コメの価格を管理していた食糧特別会計の赤字が拡大するようになった。そこで、国は1970年以降、農家に対して補助金を出す代わりに、転作や休耕田などを通じてコメの生産量を減らそうとした。つまり、一時的な財政支援を講じても、赤字を生み出す過剰生産を抑えようとしたわけである。確かに農業と医療を単純に比較できないが、一時的に財政負担が増えたとしても、医療費を高止まりさせる病床を削ろうとしている点で、ダウンサイジング交付金は減反の発想に近い。

つまり、ここで重視されているのは「過剰な病床の削減による医療費抑制」という目的であり、国が財政インセンティブというアメをぶら下げることで、自治体を動かそうとしている点で、集権的な要素を持っている。

分権しつつ集権する逆説的な状況が生まれる理由

こうした「分権しつつ集権する」という逆説的な状況を考える際、参考になるのが「機能的集権」という考え方である（『日本の中央―地方関係』）。日本の自治制度では、国、自治体の役割が重なり合っているため、国が制度を少し変更するだけで、国の関与や役割を増やすことができる。具体的には、集権化を生み出す方法としては、①事務事業を地方から国に移

図表37 機能的集権のイメージ

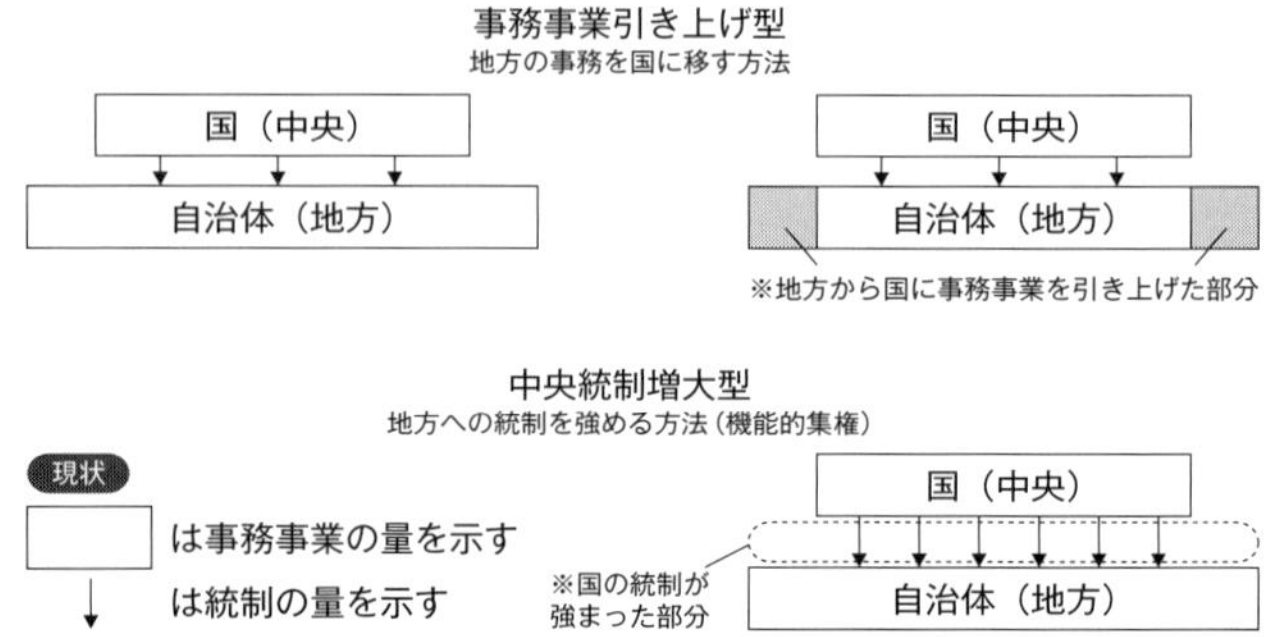

（出典）　市川喜崇（2012）『日本の中央ー地方関係』法律文化社に加筆

す「事務事業引き上げ型」、②中央の統制を増やす「中央統制増大型」（機能的集権）――の２つの類型があるといい、後者の機能的集権では事務事業の変更を伴わなくても、国が地方に対する統制を強化できるという考え方であり、そのイメージは**図表37**の通りである。

つまり、上のタイプは事務事業を地方から国に移すタイプの集権として、一般的に「中央集権」と理解されている類型である。一方、下のタイプは国―地方の事務事業に手を付けないまま、国の統制を強化する方法であり、必ずしも地方から国への事務事業引き上げを伴わなくても、集権化が進む可能性を指摘している。

では、こうした「分権しつつ集権する」という複雑な状況がなぜ生まれているのであろうか。まず、分権の重要性については、第1章で述べた通りである。つまり、高齢化や人口減少のスピードが地域ごとに異なる分、国一律の政策だけでは対応できなくなっているため、都道府県の責任を大きくすることで、地域の事情に応じた提供体制改革が志向されている。その一方、高齢化に伴う医療・介護給付費の増加と財政赤字の拡大を受けて、費用抑制が大きな課題となる中、都道府県に任せたままだと、国の想定通りに抑制が進まない可能性がある。しかも地域医療構想には「過剰な病床の削減による医療費抑制」という目標が秘められており、財務省や経済財政諮問会議は地域医療構想を費用抑制の手段と見なしている。こうした中、第4章で述べた「名指し」に加えて、交付金や補助金を通じたインセンティブ、アドバイザーの選定といった制度改正の積み重ねを通じて、国の役割を拡大させる動きが強まっていると言える。言わば、自治体に事務を委ねる「自治」と、費用抑制という「統治」の論理の相克が「分権化しつつ集権化する」という逆説的な状況を生み出している。

集権と分権が入り混じる「重点支援区域」の指定

こうした逆説的な状況を理解する上で、国による「重点支援区域」の指定は1つの素材になり得る。分権的な側面を維持しつつ、集権化が図られている点で、分権と集権という2つの側面を併せ持っているためだ。

重点支援区域は元々、「国による助言や集中的な支援」をうたった2019年6月の「骨太方針」に沿った対応であり、厚生労働省は2020年1月、第一弾として**図表38**の通り、3

図表38 重点支援区域に指定された区域と病院

【第１弾指定（2020年１月）】
▶宮城県
- 仙南区域（公立刈田綜合病院、みやぎ県南中核病院）
- 石巻・登米・気仙沼区域（登米市立登米市民病院、登米市立米谷病院、登米市立豊里病院）

▶滋賀県
- 湖北区域（市立長浜病院、長浜市立湖北病院、長浜赤十字病院、セフィロト病院）

▶山口県
- 柳井区域（周防大島町立大島病院、周防大島町立東和病院、周防大島町立橘病院）
- 萩区域（萩市立萩市民病院、医療法人医誠会都志見病院）

（出典）　厚生労働省資料を基に作成

県５地域を指定した。厚生労働省の説明によると、重点支援区域に指定されるメリットとして、「地域の医療提供体制や医療機能再編などを検討する医療機関に関するデータ分析」「関係者との意見調整の場の開催」といった技術的支援に加えて、地域医療介護総合確保基金や病床ダウンサイジングに関する補助金について、手厚い支援を受けられるとしている。

では、どの辺りに「分権しつつ集権する」という逆説的な状況が現れていると言えるのだろうか。まず、分権的な側面としては、重点支援区域の選定に際して、地元の議論や要望を踏まえている点である。具体的には、指定に際して、①当該区域の調整会議の議論・合意、②都道府県が重点支援区域の指定を申請、③厚生労働省が重点支援区域を選定――という段取りを経ることになっており、不意打ちと捉えられた「名指し」に比べると、ボトムアップの議論を踏まえる設計となっている。さらに、厚生労働省は重点支援区域の第一弾を公表する際、「重点支援区域の申請や選定が医療機能の再編や病床数等の適正化に関する方向性を決めるわけではない」と強調し、最終的な結論は調整会議の自主的な議論に基づくと説明している。

しかし、重点支援区域は集権的な要素も持っており、経済財政諮問会議の席上、根本匠厚生労働相は「民間医療機関の再編を促すためにも、病床のダウンサイジング支援等の追加的方策も検討しながら、国自身が重点区域を設定して直接助言を行うこととしたい」と述べている(２０１９年5月31日議事要旨)。つまり、都道府県が担っていたデータ分析などについて、国が技術的支援に乗り出す旨が強調されている。さらに、地域での説明会などに国の職員が派遣される可能性を踏まえると、国の関与を強化する点で集権的な要素を持っていることは間違いない。

診療報酬による急性期病床の削減を求める動き

さらに、集権的な方法として診療報酬とのリンクを求める声が強まりつつある。第1章で述べた通り、地域医療構想は元々、全国一律の診療報酬では対応できない地域差に対処する目的があった。しかし、「過剰な病床の削減による医療費抑制」を目指す観点に立ち、財務省や経済財政諮問会議は診療報酬改定を通じて、地域医療構想で明らかになった病床数のギャップを解消すべきと主張している。

診療報酬と地域医療構想の関係を考える前に、過去の改定内容をチェックしてみよう。通常、診療報酬改定は中央社会保険医療協議会（中医協、厚生労働相の諮問機関）を通じて、日本医師会などの診療側、健康保険組合連合会など支払側、有識者の公益委員による調整を通じて意思決定されるため、2年に1回の改定で大きく舵を切ることは少ない。実際、地域医療構想が２０１７年度にスタートした後、２０１８年度、２０２０年度の2度の改定を経たが、地域医療構想の数字を強引に当てはめるようなスタンスは見受けられない。例えば、２０１８年度改定では、患者7人に対して看護師1人を配置する急性期の「7：1基準」からの移行を促すための改定が盛り込まれたが、それほどドラスティックな改定とはならなかった。

そのイメージは**図表39**である。少し分かりにくいかもしれないが、「今まで段差が大きくて降りられなかった人のため、その間に踊り場を設けた階段」「ただし、降りることしか認められていない階段」をイメージしてもらえると、その狙いが良く分かる。

具体的には、**図表39**の右側が7：1基準、左側が10：1基準（患者10人に対して看護師1人を配置する病床）である。第1章で触れた通り、地域医療構想が制度化された一因は膨らんだ急性期の圧縮にあり、全国ベースでは高度急性期、急性期を足して約24万床が２０２５年までに余ると見られている。

図表39　2018年度における7:1基準移行に関する診療報酬改定の内容

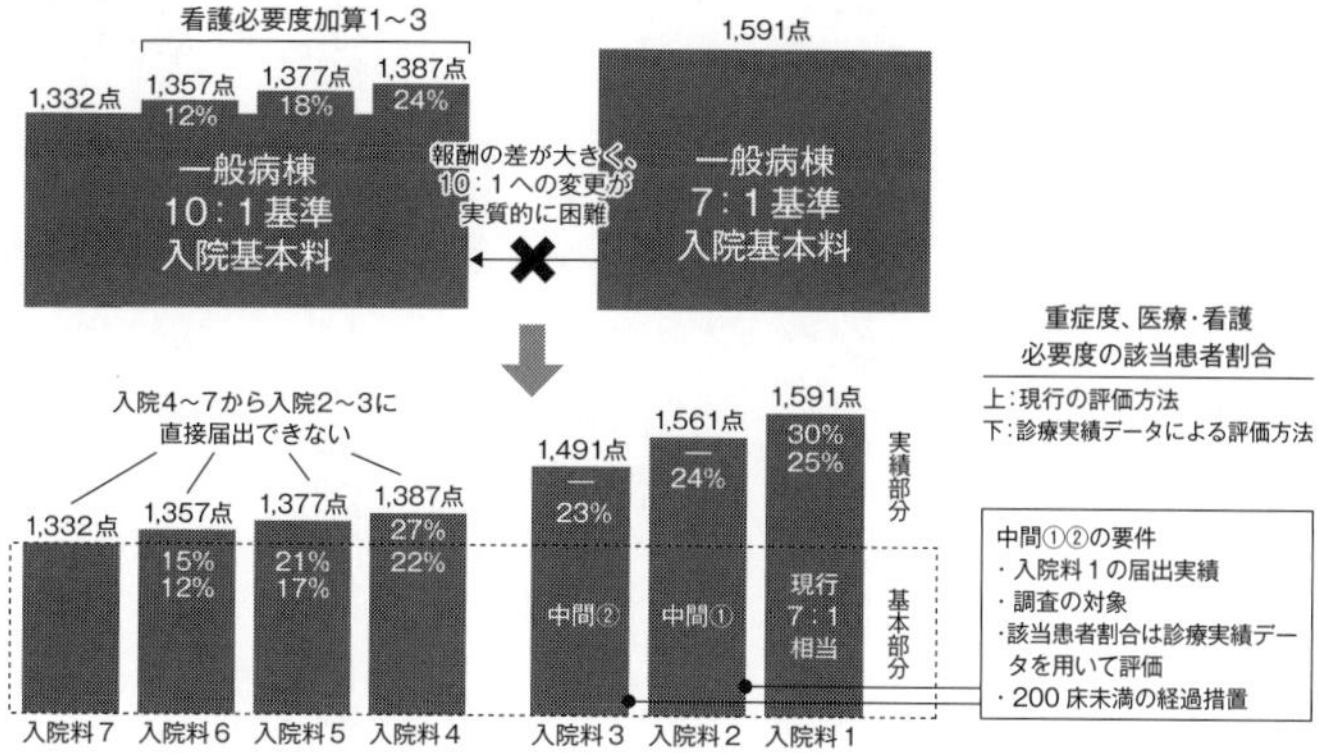

（出典）　厚生労働省資料を基に作成
（注）　数字は2018年度現在。その後、消費増税で点数が変更した。

しかし、急性期病床から回復期病床に移行する際、報酬の差が大きい（点数は２０１８年度改定当時、以降同じ）。具体的には、７：１基準の入院基本料が１日当たり１５９１点（１万５９１０円）であるのに対し、加算を伴わない10：１基準は同１３３２点（１万３３２０円）であり、医療機関から見ると、急性期から回復期に移行する際、収入減に直結する。このため、7：1基準を厳格化するとともに、両者の間に経過措置として、２つの階段を入れることで、右から左に降りやすくするようにした。つまり、下の図の「中間」とは「今まで段差が大きくて降りられなかった人のため、その間に踊り場を設けた階段」である。

しかも、医療機関に対して右から左に降りることを認めているが、左から右に１段ずつ上がることは認めていない。つまり、「降りることしか認めない不思議な階段」という表現だと分かりやすいだろうか。2020年度診療報酬改定でも日本医師会などの診療側と、健康保険組合連合会など支払側が鋭く対立した結果、旧7：1基準の取得要件が一部で厳格化した。

診療報酬を通じて機能分化を進める動き

地域医療構想に絡む診療報酬改定としては、医療機関が果たすべき機能を明確にするための制度改正も挙げることができる。具体的には、紹介状なしに大病院に行った場合、5000円を徴収する仕組みである。これを理解する上では、一般的な患者の医療ニーズを理解する必要がある。一般的な傾向として、患者の医療ニーズは日常的な疾病やケガに対応するプライマリ・ケアと呼ばれる1次医療に始まり、一般的な入院である2次医療、専門性の高い救急医療などを提供する3次医療に分類される。さらにコストは1次→2次→3次の順で大きくなる一方、ニーズの発生頻度は1次→2次→3次の順で小さくなる。分かりやすい例で言うと、3次医療は本来、難しい手術などに対応するため、多くの医療機器や専門職を配置しており、コストが高くなるが、難しい手術を要するような病気やケガの発生頻度は小さい。こうした1次、2次、3次の区分けは必ずしも厳格ではないが、1次医療に相当する病気やケガに直面した患者が1次医療を担う診療所に行けば、コストは最適化される。逆に風邪やちょっとしたケガで、3次医療機関に行くと非効率になる。

しかし、日本の医療制度では、患者が自由に医療機関を選べるフリーアクセスを採用しており、1次医療に対応する診療所や大病院だけでなく、3次医療に相当する大学病院まで外来機能を持つなど、日本の医療機関は役割や機能が分かれていない。しかも医療の場合、患者―医師の情報の非対称性が大きく、患者が自ら適切な医療機能を選ぶことは難しい。さらに、医療の質も評価しにくいため、病院の大きさや設備などがシグナルとなり、「取り敢えず大病院に行く」という傾向が強い。こうした患者の判断は止むを得ない面があるが、本来は風邪やちょっとした怪我であれば、診療所や身近な医療機関で対応できるのに、大病院に行ってしまうと、医療資源の無駄使いになる。

さらに、「取り敢えず大病院に行く」という患者の受療行動が続くと、医療機関は設備投資などで競争し合うようになるため、第1章で触れた「医療軍拡」が続くインセンティブになり得る。つまり、地域医療構想は医療軍拡を止める「軍縮」の意味を持っており、調整会議は「軍縮交渉」の場と理解できるのに、こうした患者の受療行動が続く限り、地域医療構想は進みにくくなる危険性がある。

そこで、政府は「上手な医療のかかり方」を促す啓発活動（用語解説⑤を参照）を展開しているほか、2016年度の診療報酬改定に際して、患者の受療行動を変えるため、**図表40**の仕組みを創設した。具体的には、診療所や身近な医療機関で紹介状をもらわず、いきなり

図表40 紹介状なしに大病院に行った場合の追加負担のイメージ

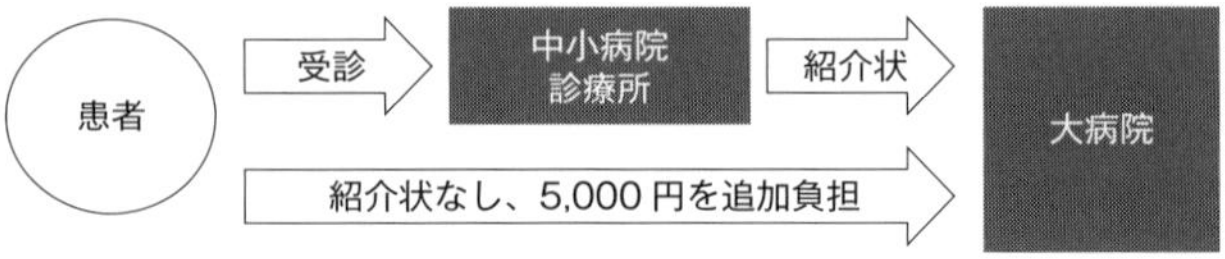

（出典）　厚生労働省資料を基に作成
（注１）　救急は対象外。
（注２）　紹介状がない場合、歯科の追加負担は3,000円。
（注３）　他の医療機関で紹介を受けた後、再び同じ大病院を受診すると、2,500円（歯科は1,500円）を追加負担。

大病院に行った場合、５０００円を徴収するという仕組みである。

当初、対象は「特定機能病院（用語解説⑥を参照）及び許可病床５００床以上の地域医療支援病院」だったが、２０１８年度改定で「特定機能病院及び許可病床４００床以上の地域医療支援病院」に拡大した。さらに、２０２０年度改定に向けては、政府の全世代型社会保障検討会でも争点となり、首相官邸を中心とした政治主導の結果、２０１９年12月の中間報告では２００床以上の地域支援病院にまで対象拡大が決まり、２０２０年度診療報酬改定に反映された。

このように見ると、診療報酬改定を通じて、地域医療構想の数字を一気に実現するような内容は盛り込まれておらず、漸増主義的に少しずつ制度改正を積み重ねていると言える。実際、厚生労働省は診療報酬と地域医療構想を連動させる点について、慎重姿勢を崩していない。例えば、「地域の実情を考えずに、霞が関で設定した診療報酬が誘導することは、地域医療構想のコンセプトにない」（２０１６年10月24日『m3.

com』における厚生労働省保険局の迫井医療課長インタビュー）、「（筆者注：地域医療構想が描く）医療提供体制に対し、診療報酬がどう支援するのか、どう寄り添うのか今後議論してもらう課題」（２０１７年1月25日、中医協における迫井医療課長の発言）といった発言が過去に示されている。

しかし、経済財政諮問会議の民間議員からは「地域医療構想の実現は、無駄な医療費抑制のためにも早急に進めるべきであり、病床のダウンサイジングの支援の追加策や病床機能の転換を促す診療報酬の大胆な見直しが必要」（２０１９年9月30日議事要旨）とか、「急性期（7対1）病床や療養病床の転換に向けた診療報酬措置の効果を検証し、転換を加速する対応策を講ずべき」（10月28日提出資料）といった意見が示されていた。今後、地域医療構想に基づく病床削減が進まなければ、診療報酬による誘導を迫る意見は一層強まっていく可能性が想定される。

知事の権限強化を巡る議論

経済財政諮問会議や財務省では、病床削減や機能転換などに関する都道府県の権限を強化する議論も取り沙汰されている。例えば、２０１９年6月の「骨太方針」では、第4章で触れた個別病院の名指しや重点支援区域の選定を通じても、病床削減や機能転換・連携が進まない場合に備えて「2020年度に実効性のある新たな都道府県知事の権限の在り方について検討し、できる限り早期に所要の措置を講ずる」という一文が盛り込まれていた。つまり、都道府県が公立・公的医療機関に対して病床削減や機能転換を命令できるのと同じように、民間医療機関に対しても同様の権限を都道府県に付与すべきと主張していたのである。第1章で述べた「江戸の敵を長崎で討つ」都道府県の限界を解消しようという考え方である。こうした強権的な手法については、地域にハレーションを起こす危険性が高いため、筆者自身としては受け入れるところではないが、都道府県による議論が進まなければ、診療報酬改定による誘導とか、都道府県の一層の権限強化といった一段の対応を求める声は一層、強まっていくと思われる。

では、今後はどんな制度改正が考えられるのだろうか。如何に国の統制が強まったり、新型コロナウイルスの影響が大きくなったりしても、現場レベルで「総論賛成・各論反対」の構造が続く限り、病床削減を含めた提供体制改革は進まない。筆者自身の意見としては、こうした「総論賛成・各論反対」の状態を打破するため、「提供体制改革」「自治制度改革」「財政制度改革」が必要と考えており、次章以降で処方箋を挙げる。その際には、地域医療構想と相性が悪い感染症対策の要素も可能な限り加味することで、新型コロナウイルスの再拡大や長期戦を意識しつつ対応策を考える「ウィズ・コロナ」、あるいは感染収束後を想定する「ポスト・コロナ」も視野に入れるように努めたい。

【用語解説】

⑤上手な医療のかかり方

機能分化に関わる政策として、国民の受療行動を変える「上手な医療のかかり方」が重視されている。具体的には、いきなり大病院に行ったり、夜間・休日に外来を訪れたりする受療行動が医師を疲弊させているとして、国民に対する働き掛けを強化しており、アーティストのデーモン小暮閣下などを「大使」に任命した。

こうした医療の実態を知ってもらう方策は非常に重要だが、患者―医師の情報格差は大きく、体調に不安を感じた患者が自らの状態に適切な医療機関を選ぶのは難しく、第8章で触れる制度改正などを別途、進める必要がある。

⑥特定機能病院と地域医療支援病院

日本の医療提供体制では、1次医療、2次医療、3次医療の機能が区分されておらず、医療機関の役割も明確ではないため、1993年に「特定機能病院」が制度化された。これは高度な医療の提供・開発・研修などの承認要件が設定されている。

さらに、1997年に創設された「地域医療支援病院」も「紹介率80％以上」「原則200床以上」「救急医療の提供」などの要件が設けられており、同様に大病院の役割を明確にするのが目的。

しかし、現在に至るまで医療機関の機能分化は進まず、地域医療構想が制度化されるに至った。

第7章 総論賛成・各論反対を打破する処方箋

総論賛成・各論反対をどう打破するか

病床削減の議論は誰しもが「抵抗勢力」になり得る点で、ややもすると「総論賛成・各論反対」に陥りやすい。増してや、地域医療構想にはコスト抑制を重視する「過剰な病床の削減による医療費抑制」と、医療サービスへのアクセス面を考える「切れ目のない提供体制の構築」という2つの目的が混在しており、本書の「はじめに」で触れた総論賛成・各論反対の状況を改善する上では、地道な合意形成が必要となる。こうした状況を打破するため、どんな処方箋が考えられるのか。その際、新型コロナウイルス対策をどう加味するか――。

これらの点が本章の関心事であり、**図表41**の通り、「提供体制改革」「自治制度改革」「財政制度改革」の3分野に分けつつ、計6つの処方箋を述べる。

まず、提供体制改革については、①生活を支えるプライマリ・ケアの制度化、②医師確保、働き方改革の視点、③民間医療機関の公共性確保――を説明する。このうち、1番目は住民にとって身近な生活を支える医療を重視することで、病床削減の受け皿を積極的に整備するという意味合いを持っている。そもそも病院を「川上」、地域を「川下」と形容した社会保障制度改革国民会議報告書に見られる通り、地域医療構想は病床という部分最適を修正することで、提供体制の全体を変えようとしている矛盾を内包している。しかも、厚生労働省も日本

図表41 改革の処方箋

【提供体制改革】
▶生活を支えるプライマリ・ケアの制度化
▶医師確保、働き方改革の視点
▶民間医療機関の公共性確保

【自治制度改革】
▶合意形成に向けた情報開示、ガバナンス強化
▶都道府県と市町村の連携

【財政制度改革】
▶負担と給付の関係明確化

（出典）　各種資料を基に作成

医師会もスタート当初、「病床削減のための政策ではありません。切れ目のない提供体制の構築こそ重要です」と説明していたのに、実際には経済財政諮問会議を中心に、病床削減の議論が先行した。この状況では、病床削減の議論が住民の不安や反発を引き起こしかねず、結果的に「総論賛成・各論反対」の議論に陥るリスクがあり、切れ目のない提供体制を構築する方法論として、プライマリ・ケアの制度化を訴える。

2番目は医師確保・医師の働き方改革の視点である。生産年齢人口が減少していく中、医師や医療人材が提供体制の制約条件となりつつあり、厚生労働省は「地域医療構想」「医師確保計画」「医師の働き方改革」の3つを「三位一体」と位置付けている。こうした動向を簡単に考察するとともに、「総論賛成・各論反対」の状況を打破するため、病床が削減されても切れ目のない提供体制を構築できるようにする観点に立ち、医師確保や医師の働き方改革を意識する必要性を論じる。

3番目は民間医療機関の公共性を担保する観点である。第4章で見た通り、日本医師会は「民間医療機関が担っている

診療領域や地域については、公立・公的医療機関が縮小・撤退せよ」と主張しているが、実際に公立・公的医療機関が撤退した後、民間医療機関も「人口が減っているので、病床を閉鎖します」と判断した場合、困るのは住民である。

こうした状況を防ぐため、民間医療機関の公共性を担保する方策として、都道府県などが民間医療機関と契約を結ぶ方法を提案する。これは新型コロナウイルスを含めた感染症への備えを強化する上でも活用できるツールである。

自治制度改革のうち、1番目では地域医療構想の推進でも最も重視されていた合意形成に向けた情報開示の重要性、都道府県のガバナンス強化を挙げる。元々、病院の統廃合や病床削減は住民の反発を受けやすく、中でも公立病院の存続問題は選挙での争点になるなど、住民の関心が大きい。こうした中、「総論賛成・各論反対」を乗り越える上では、関係者の信頼関係構築と合意形成が欠かせず、議論をオープンにすることが様々な意見を包摂する前提条件となる。しかし、第4章で述べた通り、残念ながら都道府県のスタンスは積極的とは言えず、情報開示の重要性を改めて強調する。その上で、「総論賛成・各論反対」の状況を打破しつつ、地域の合意形成を進められる制度改正を提案する。

自治制度改革の関係では、都道府県と市町村の連携強化も論じる。在宅でのケアは医療・介護の境目が曖昧であり、都道府県化されつつある医療行政と、「地方分権の試金石」として市町村に制度運営を委ねた介護行政との連携を強化する上では、都道府県と市町村の連携が大きな課題となる。ここでは市町村に対し、プライマリ・ケアや在宅医療に関する部分について、「市町村医療計画」（仮称）の策定を義務付ける制度改正を提案する。この結果、病床数を減らしたとしても、切れ目のない提供体制を構築することに繋がり、「総論賛成・各論反対」の状況を回避できる可能性がある。

最後の財政制度改革では、負担と給付の関係を明確にする必要性を強調する。住民の感覚として、「過剰かもしれないが、病床を維持して欲しい」と思うのは当然である。しかし、その際にはコストが余計に掛かっていることを理解してもらうため、こうしたコストを「見える化」することで、予算制約をハッキリさせる制度改正を提案する。この後、具体的な内容を説明していくこととする。

なお、次章以降で述べる処方箋には現行制度からかけ離れた内容も含まれており、中長期的な方向性を示しているとご理解頂きたい。筆者自身、目の前の利害調整を重視する漸増主義は重要と考えているが、漸増主義だけでは目的が不明確になるなどの弊害を伴うため、中長期的な方向性を同時に示すことにしたい。

第8章
提供体制改革

生活を支えるプライマリ・ケアの制度化

まず、提供体制改革から議論する。これまで繰り返し述べた通り、地域医療構想には、「過剰な病床の削減による医療費抑制」「切れ目のない提供体制の構築」という目的が混在しており、専ら前者の議論が展開されがちだった。これは第2章で述べた通り、社会保障制度改革国民会議報告書で、病床を「川上」、地域を「川下」と形容しつつ、川上から川下に患者を流すための制度改正が必要と訴えていることからも分かる。

しかし、第2章で述べた通り、これは国民の生活から見れば、分かりにくい発想であり、本来の意味で「川上」の医療に対応するのがプライマリ・ケアである。そこで、イギリスのプライマリ・ケアの実例を検証し、日常的な医療ニーズをカバーする重要性を論じる。実際、世界の医療制度改革を見ると、プライマリ・ケアを重視する共通点が見られる（『欧州医療制度改革から何を学ぶか』）とされ、その事例として頻繁に取り上げられるのがイギリスである。

イギリスは公的医療費を税金で賄う国民保健サービス（ＮＨＳ、National Health Service）を整備しており、2次医療や3次医療を受ける場合、原則としてＧＰ（general practitioner、家庭医）と呼ばれるプライマリ・ケア専門医の紹介を必要とする。その際、国民は平均3〜5人程度のＧＰが勤務する診療所に登録することが義務付けられており、ここでＧＰは幅広い年齢層や病気・ケガに対応するだけでなく、病気やケガの種類や状態、緊急性などに応じて専門的な医療機関や社会資源を紹介する（『医者は患者をこう診ている』、「これからの日本の医療制度と家庭医療」『社会保険旬報』）。

例えば、患者が「頭痛がひどいのでＣＴスキャンを受けたい」と求めた場合、イギリスのＧＰは頭痛が重大な疾患でないことを確認できれば、対話の中から「なぜＣＴを望んでいるのか」を聞き、「若い頃に父親が脳出血で亡くなった。それが怖くて不安だからＣＴをやって欲しい」といった患者の不安を引き出すように訓練されている。その上で、ＧＰは明らかに風邪の症状であることを説明しつつ、「脳の出血が見付かる可能性は限りなくゼロに近く、ＣＴをすると放射線で体に負担がかかる」といった形で医学的なエビデンスに基づいて対話する。

さらに、ＧＰは医学的な解決策だけに頼らず、幅広いアプローチを使って患者に対応する。例えば、先に取り上げた患者の頭痛の原因がストレスと診断される場合、患者との対話を通じて、「育児と仕事の両立で余裕がない」といった生活上の問題を引き出し、ストレスを生み出している家庭や職場の環境を改善することを考える。こうした日常生活について何でも相談できる医療こそ本来の意味で、住民にとって「川上」の医療と言えるのではないだろうか。

では、こうしたプライマリ・ケアは提供体制改革で意味を持たないのだろうか。１９６１年に公表されたイギリスの研究では１０００人のうち、７５０人が1カ月間で何らかの病気やケガを訴え、250人が医師のカウンセリングを受けたが、高度な医療機関に紹介された患者は5人に過ぎなかった（"The Ecology of Medical Care"）。

しかも、こうした傾向は日本にも共通している。2000年代にも類似の研究があり、人口1000人に対して862人が心身に何らかの異常を感じたが、一般病院に入院した人は7人にとどまった（"The Ecology of Medical Care in Japan"）。つまり、日常的な病気やケガを気軽に幅広く診るプライマリ・ケアの体制が整備できれば、生活全般を切れ目なく支える提供体制の構築に役立つ可能性がある。少なくともイギリスでは提供体制改革の中心にプライマリ・ケアを据えており、2016年に公表された報告書ではプライマリ・ケア分野に対し、毎年2020年まで24億ポンド（約3300億円）を追加投資する方針を盛り込んでおり、冒頭には「GPが最も重要な仕事であることは間違いない」という言葉が引用されている（"General Practice Forward View"）。

しかし、日本の医療制度ではプライマリ・ケアを明確に位置付けておらず、地域医療構想でも発想されていない。確かに政府としては、在宅医療の充実を進めており、最近の診療報酬改定では在宅医療を手掛ける診療所などに予算を手厚く分配して来た。「受け皿となる在宅医療等の実現可能性等について、ミクロからの積み上げを行わなければ、地域医療構想は机上の空論となる」（『医療政策を問いなおす』）という指摘を踏まえると、これらの対応は評価できるが、ここで問われるべきは「在宅」という場所に着目した医療ではなく、住民の日常的なニーズをカバーする医療、つまりプライマリ・ケアである。

日本でもプライマリ・ケアの専門能力を有した総合診療医の制度的な育成が2019年度から始まった。さらに、何人かの医師がプライマリ・ケアの実践や教育を独自に展開してきた（『家庭医の現場』、『家庭医という選択』）ほか、「地域包括ケア」（用語解説⑦を参照）の発祥地とされる広島県尾道市（旧御調町）や岩手県一関市（旧藤沢町）などでの取り組みがある（『希望のケルン』『寝たきり老人ゼロ作戦』）。このほか、高齢化が進む東京都新宿区の都営団地で高齢者の生活支援に当たるためにスタートした「暮らしの保健室」は全国に拡大しており、生活を支える看護師である「コミュニティナース」を育成する動きも島根県などで始まっている（『在宅ケアのはぐくむ力』、『暮らしの保健室』のはじめかた』『コミュニティケア』、『コミュニティナース』）。

第3章で指摘した通り、多くの都道府県が受療行動の適正化や予防医療、医療・介護連携などの文脈で、かかりつけ医や総合診療医に言及したのも、医療の「入口」を担う役割に期待した結果であり、こうした地域レベルの取り組みを今後も積み重ねる必要がある。

登録制度など制度化の選択肢

だが、こうした現場における工夫にとどまらず、国全体としての制度改革も必要である。

プライマリ・ケアの能力を持った専門医の育成など多くの論点が存在するが、ここでは報酬制度と医療機関へのかかり方に限定して議論を進める。

このうち、報酬制度について考えると、主にプライマリ・ケアを担う診療所の部分は現在、項目別（出来高）払いである。このため、必要な治療行為に対して確実に報酬が支払われるメリットがある反面、不必要な治療や検査を誘発する過剰診療を通じて、医療費を増加させるだけでなく、医学で対応せずに済む問題を医学で解決しようとする「医療化」、不要な検査や診断が新しい病気を生む「医原病」を招くマイナス面が想定される（『脱病院化社会』）。特にプライマリ・ケアの領域では、先に触れた通り、医学的な処置が不要な時があるため、項目別（出来高）払いがそぐわない可能性がある。実際、イギリスではプライマリ・ケアの部分について、診療所に登録した人口に応じて報酬を支払う人頭払いを中心的に採用しており、日本でも報酬制度の見直しが必要であろう。

医療のかかり方という点で見ると、プライマリ・ケアでは医師などの専門職が患者の状態を深く知る必要があり、患者─医師の継続的な関係が重視される。そこで、医療の入口を1カ所に絞るため、イギリスでは登録制を採用しているが、日本は自由に医療機関を選べるフリーアクセスを採用しており、患者─医師が継続的な関係を作るのが難しい。

こういった形で日英両国の制度を比較すると、両国の仕組みはかけ離れているように見えるかもしれないが、患者─医師関係に着目すると、両国の仕組みには共通点も見出せる。ここでは両国に加えて、フランスの仕組みも加味しつつ考察を深めたい。

まず、以前のイギリスのシステムでは、国民は診療所を選ぶ権利を付与されておらず、かかりつけとなるGPや診療所が居住地に応じて自動的に決まる仕組みだった。この状況では良いGPに当たるかどうか選ぶ住所次第で決まっていたため、国民の間では「郵便番号による宝くじ（postcode lottery）」と揶揄されていたという（『政府はどこまで医療に介入すべきか』）。しかし、現在は複数の診療所から1つを選択できるようになった。つまり、診療所に対する登録義務を維持しつつ、患者に選択権を付与したのである。

一方、日本ではフリーアクセスを制限する動きが生まれている。例えば、第6章で述べた通り、2016年度診療報酬改定では、医療機関の機能分化を進める観点に立ち、いきなり紹介状なしに大病院に行った場合に5000円を徴収するルールが始まった。この対象は改定ごとに拡大しており、これらは経済的な誘導を通じて、患者の行動を制限しようとする点で言えば、一種のフリーアクセスの見直しである。つまり、イギリスは医師の選択に関する患者の自由度を拡大し、日本は自由を制限する方向と言える。

ここでフランスの仕組みを加味すると、日本、イギリスとの共通点と相違点が明確になる。フランスは日本と同じフリーアクセスだったが、2005年から「かかりつけ医」（Médecin Traitant）制度を導入し、かかりつけ医への登録を国民に義務付けた。しかし、GPが働く診療所に登録を義務付けるイギリスと異なり、フランスの場合、大学病院の勤務医なども指名できるほか、かかりつけ医を経由しない場合、患者の負担が増える。つまり、登録制を義務としつつ、それ以外の受診も認めるが、経済的な誘導を通じて、かかりつけ医での受療を担保しようとしている（『欧州医療制度改革から何を学ぶか』、「フランスとドイツにおける疾病管理・予防の取組み」『健保連海外医療保障』）

以上のように考えると、登録制度を通じて患者—医師の固定的な関係を維持しつつ、診療所や医師に関する患者の自由度を高めたイギリスに対し、経済的な誘導と登録制度で医療機関の選択に関する患者の自由を制限したフランス、登録制度を採用しないまま経済的な誘導で患者の自由を制限しようとしている日本という整理が可能である。さらに言えば、フリーアクセスを修正したフランスは日本とイギリスの中間に位置し、かかりつけ医を経済的な誘導だけで普及させようとしている日本はフランスに近付いていると言える。

こうした整理を踏まえると、医療のかかり方をどう設計するのかについては、いくつかのバリエーションがあり、日本としても、登録制度の導入を通じて、フリーアクセスの修正または制限を検討する余地はあると考えられる。だが、医療機関の選択の自由を制限することには反対意見も予想されるため、登録を任意とする代わりに、登録した医師や医療機関ではないところで受診した場合、窓口負担を多く徴収する選択肢も有り得る。

これらの点については、日本の医療制度に関するＯＥＣＤ報告書で、①患者が指名したプライマリ・ケア専門医に登録するシステムの導入、②プライマリ・ケアに関する人頭払いの導入――などを求めた点と符合している（「医療の質レビュー 日本 スタンダードの引き上げ評価と提言」）。

こうしたプライマリ・ケアは地域医療構想に基づく病床削減の議論でも活用できる可能性がある。これまで繰り返し述べて来た通り、病床削減に際しては、「目の前の病院が廃止される」「5分で行けた救急が15分掛かるようになる」といった住民の不安は避けられない。こうした不安に対し、在宅医療や医療・介護連携の強化を含めて、プライマリ・ケアの整備を示すことを通じて、「病床が減っても、皆さんの生活は引き続き支えられます」と説明すれば、住民の不安は一定程度、解消される可能性がある。どうしても経済財政諮問会議を中心とする政府の議論は「過剰な病床の削減による医療費抑制」を重視した病床数を巡る議論に偏りがちだが、プライマリ・ケアの制度化を通じて、切れ目のない提供体制の構築を図る視点が国、自治体ともに欠かせない。

このように地域医療構想や医療計画とプライマリ・ケアを関連付ける視点は決して新しいわけではない。例えば、医療計画制度が作られた40年前の書籍には「医療提供の大きな問題は住民と医療提供側の『最初の接触』（『地域医療計画』）と出ていたほか、四半世紀前の論文でも「プライマリ・ケアに関する明確なビジョンと推進の環境を整備することこそ医療計画の課題」（「地域福祉と医療計画」『季刊社会保障研究』Vol.26 No.4）との記述が見られ、こうした指摘は今にも通じると考えられる。

さらに、こうした改革は感染症への備えにも貢献すると思われる、例えば、新型コロナウイルスに関して言うと、ほとんどの人は無症状あるいは軽症で済む一方、基礎疾患や既往症を持つ人は悪化しやすいため、ワクチンが開発された場合、リスクの高い人に対する優先的な接種が必要となる。その際、患者にとっての医療の入口を1カ所に絞る登録制度があれば、患者―医師の関係が長期的に構築されやすくなるため、どの患者のリスクが高いか医師は把握しやすくなる分、ワクチンの効果的な接種が可能となる。

医師確保、働き方改革の視点

第2に、医師確保、医師の働き方改革との関係である。厚生労働省は2019年春頃から「地域医療構想」「医師偏在是正」「医師の働き方改革」を三位一体の改革と説明するようになっており、団塊ジュニアが65歳以上となる2040年を意識し、「どこにいても質が高く安全で効率的な医療を実現することを目指す」としている（2019年5月31日経済財政諮問会議、根本匠厚生労働相提出資料）。

ここで、「医師偏在」「医師の働き方改革」の2つについて補足しよう。まず、医師偏在については、都道府県が主体となり、医師確保や外来の偏在是正などに取り組むことを目指しており、都道府県は2019年度中に「医師確保計画」「外来医療計画」（用語解説⑧を参照）

の策定を終えた。今後は2つの計画をベースにしつつ、当面は2023年度までの4年間を対象とし、医師の偏在是正に取り組むとしている。これらは地域医療構想の「医師版」「外来版」としての側面を持っており、都道府県を中心に民間医療機関などとの合意形成に力点が置かれている。もう1つの医師の働き方改革に関しては、残業時間に上限を設定するなど、医師の長時間勤務解消を目指しており、2024年度から本格施行する。

これら3つの関係性を筆者なりに整理すると、左記のような展開が予想される。まず、地域医療構想を通じて病床が削減されたり、医療機関が再編・統合されたりすると、大学病院が若手医師などを派遣する病院が減り、医師が足りない地域への医師派遣が容易になる可能性がある。2019年3月に策定された「医師確保計画策定ガイドライン」でも、「地域でどの程度医師確保を行うべきかについては、こうした医療機関の統合・再編等の方針によっても左右される」としている。

さらに医師の働き方改革のインパクトは一層、大きいかもしれない。例えば、医師の働き方改革を通じて、勤務時間管理が一定程度、厳格化されれば、医師の長時間勤務で維持してきた病院の機能、中でも急性期病床などが継続できなくなる可能性がある。こうした場合、医師を確保できなくなった医療機関は再編・統合、あるいは病床機能の転換が必要になり、結果的に地域医療構想が目指す姿に近付く可能性がある。実際、厚生労働省幹部は「医療提供とマンパワーの在り方を最適にしていく取り組みがあり、それをどう動かすのかという話。

（略）医師の働き方改革は、将来の医療需要を見据えた適切な医療提供体制とマンパワーの配置に向かって、体制を転換するための非常に強いドライビングフォースになる」と説明していた（２０１９年６月５日『m3.com』における迫井官房審議官インタビュー）。今後、都道府県や市町村としては、こうした可能性を意識しつつ、調整会議の議論や公立病院の運営を検討して行く必要があると思われる。中でも医師確保計画と外来医療計画については、都道府県が司令塔になることが期待されており、地域医療構想との一体的な運用が必要となる。

ここまで述べたプライマリ・ケアの重視、医師などの人材確保を実践した事例として、富山県朝日町の「あさひ総合病院」の改革例は示唆に富んでいる（『人口減少・地域消滅時代の自治体病院経営改革』、「富山県朝日町の医療再生とまちづくり」『病院』）。同院は人口減少による収益悪化に加えて、医師・看護師の確保に苦労していたが、診療報酬の加算取得や材料費の縮減といった収益面の取り組みだけでなく、医師や看護師などの人材を確保するため、▽地元大学医学部への寄付講座開設、▽医学生の地域実習受け入れ――などを進めた。

さらに病院の改修工事を実施し、病床数を１９９床から１０９床に減らす一方、在宅医療や認知症ケア、介護予防、医療・介護連携などを進められる拠点を院内に設置することで、病院の生き残りに向けた「バージョンアップ」に努めた。その際、女性従業員用の宿直室など女性が働きやすい職場環境の整備に努めることで、人材確保にも考慮した。

併せて、一連の改革を進める際、住民や町議会への丁寧な説明に加えて、住民が地域医療の当事者として自分が何をできるかを考えてもらう「朝日町地域医療再生マイスター養成講座」を開催し、住民の主体性を引き出す努力も講じられている。

民間医療機関の公共性確保

提供体制改革の3番目として、民間医療機関の公共性確保を挙げる。これまでの地域医療構想の議論を振り返ると、「民間医療機関が担っている診療領域や地域から公立・公的医療機関は撤退すべきだ」という議論に傾きがちであり、結果的に「公立・公的対民間」の構図で考えられがちである。

しかし、それほど設置主体の差が重要とは思えない。例えば、ある地域（仮にA区域とする）から公立病院が撤退した後、民間医療機関がA区域の住民に対し、質の高い医療サービスを提供してくれれば、何の問題もない。しかも、その経営が黒字であれば、住民の負担は低く済む。

しかし、公立病院が撤退した数年後、民間医療機関が「A区域は人口減少が著しいため、急性期病床を廃止します」とか、「産科・小児科は需要が少ないので、来年度から休止します」と表明した場合、何が起きるだろうか。こうした撤退・縮小の判断は純粋な民間の経営判断であり、「江戸の敵を長崎で討つ」ような民間中心の医療提供体制の下で、都道府県や市町村はなす術がない。サービスを受けられなくなる住民の側から見ても、公立病院であればA区域を含めた都道府県や市町村の首長または議員の選挙に際して、主権者としての意思を示せるし、必要に応じてリコール運動や要望活動なども展開できるが、民間医療機関の経営判断に対して、住民は要望活動を展開できる程度であり、影響力を行使できるわけではない。

しかし、先に例示したような公立病院が撤退した経緯を踏まえると、この民間医療機関は事実上、公立病院と同じような位置付けが期待されているのに、その撤退は「純粋な経営問題」で片付けられてしまうことになる。この状況で住民が納得するとは思えないし、公立・公的医療機関が撤退した後の担い手として、民間医療機関が役割を果たしているとも言えなくなる。このため、「民間医療機関が担っている診療分野や地域から公立・公的医療機関は撤退すべき」という議論を突き詰めれば、民間医療機関の公共性が高まることを意味する。

公的医療保険制度と契約

このように書くと、「民間医療機関の経営は純粋に民間の問題であり、行政による介入は不要」という反論が返ってくるかもしれない。筆者自身、一般論として、民間の経営について、行政が関わる余地は少ない方がいいと思っているが、公的医療保険の場合、保険料と税金という公的財源を使っている以上、行政による一定の関与も必要だろう。実際、2017年4月から一定規模以上の民間医療機関については、経営の透明性を高めるため、財務監査が義務付けられている。

こうした考え方に立つ際、1つのポイントとなるのが「契約」の考え方である。通常、病院や診療所が公的医療保険制度に基づいてサービスを提供する際、厚生労働相から保険医療機関としての指定を受ける必要がある。さらに厚生労働相から保険医療機関の指定を受けると、保険医療機関は療養を給付、つまり医療サービスを提供しなければならず、保険者は療養の給付に対して診療報酬を支払わなければならない。こうしたサービスや報酬の流れについて、社会保障法は契約行為の現われと見なしている（「医療保険制度と契約」『季刊・社会保障研究』Vol.45 No.1）。つまり、関係者同士の契約に基づいて、サービスが提供されたり、報酬が支払われたりしているというわけだ。

こうした考え方は一見すると、理解しにくいかもしれない。現在、日本の公的医療保険制度は事実上、国が全てコントロールしており、保険者は金銭を支払うだけの存在でしかない。実際、現在の事務の流れは必ずしもそうなっておらず、保険医療機関の指定に際して、それぞれの医療機関や診療所、保険者が契約を結ぶことは難しいと判断され、国が一括して保険医療機関を指定している形だ。

しかし、そもそもの考え方に遡れば、契約という考え方をベースにしており、公的医療保険制度が大正期に発足した際、政府管掌健康保険（現在の協会けんぽ）は日本医師会と契約を、各健康保険組合は医療機関と契約をそれぞれ締結し、診療報酬も交渉で決めていた。こうした考え方に基づけば、保険医療機関を「保険者と契約を結んだ相手」と考えることが可能であり、結果的に「公立・公的」「民間」という経営形態の違いはそれほど大きくなくなる。

そこで、議論を一歩先に進め、「◎◎地域の救急医療は××病院に担ってもらう」「××地域では△△病院と○○病院の連携の下で、切れ目のないサービス提供を図る」といった形で、都道府県と医療機関が契約を結ぶ選択肢は考えられないだろうか。そう考えれば、民間医療機関も一定の公共性を持つことになる。もちろん、都道府県が支払い責任を負うのは国民健康保険だけであり、協会けんぽや健康保険組合、後期高齢者広域連合など年齢・職業ごとに分立した保険制度の下では、都道府県を支払いの責任者とするのは難しい。しかし、保険者協議会（用語解説⑨を参照）などの場を使えば、保険者間の合意形成も不可能ではない。

さらに、▽保険者協議会のトップに都道府県知事を据える、▽後期高齢者広域連合を国民健康保険に統合し、都道府県の財政運営の責任を持たせる、▽協会けんぽと都道府県の連携を強化するため、協会けんぽの各支部が都道府県の医療行政に協力・連携する義務規定の追加、最終的には教育委員会のような形で、協会けんぽを都道府県の行政部局に組み込む――といった制度改正を加味することで、実効性を持たせることも可能である。

その際、契約を交わした民間病院の運営が赤字になった場合、都道府県や市町村が一定の条件の下で、住民の負担で赤字を補填することも選択肢に入るかもしれない。公共施設の建設・運営で採用されているＰＰＰ（パブリック・プライベート・パートナーシップ）の考え方や方法を参考にしつつ、「◎◎の赤字は自治体が一定比率で補填」「××分野あるいは地区の運営に関して出た損失は民間の責任。黒字が出れば全額または一部を医療機関の収益とする」といった形で、都道府県と民間医療機関が事前に契約で決めれば、民間医療機関のリスクが減る一方、都道府県にとっても無計画な税金による赤字補填を防ぐこともできる。

さらに、右のような制度は感染症への備えにも繋がると考えられる。具体的には、感染症が発生した時に備えた病床などに関して、都道府県と民間医療機関が事前に契約を交わし、民間医療機関は予備的な病床を維持する一方、都道府県が必要な財政・機材の支援、人員派遣の調整などを担う旨を契約に明記すれば、民間医療機関の経営リスクを解消できる。

地域医療連携推進法人の可能性

確かに「公立・公的か、民間か」といった二元論に立っている現在の議論から見ると、少し飛躍している印象を受けるかもしれない。しかし、既に一部地域で導入されている「地域医療連携推進法人」は、こうした動きを先取りしつつあると言える。地域医療連携推進法人とは２０１７年４月にスタートした制度で、各医療機関が公立・公的や民間医療機関など経営主体の違いを乗り越えつつ、地域医療構想の推進などに向けて協力・連携することが想定されている。２０１９年12月現在で15法人が認可を受けており、山形県の日本海総合病院を中心とする「日本海ヘルスケアネット」では「地域でお金を循環させ、地域で必要な費用を地域全体で連結して管理できないか」という考え方の下、▽人事交流や派遣体制の整備、職員の共同研修、▽人工透析機能の重点、集約化、▽診療機能の重点、集約化、▽訪問看護ステーションの再編・統合、▽病床調整医薬品の共同購入、機器の共同利用、▽患者の紹介・逆紹介――などで連携を深めており、栗谷義樹代表理事（山形県・酒田市病院機構理事長）は「未来像は、新しい医療介護の複合事業体を作ること。医療、介護を単体で経営する時代は恐らく終わろうとしているように思います」と述べている（２０１９年11月20日から全４回の『m3.com』インタビュー記事）。

このほかにも民間医療機関同士の「連携以上、統合未満」の協力関係を模索する動きも始まったほか、島根県では地域医療連携推進法人を使って医師確保を図る動きも出ている（『病院再編・統合ハンドブック』、２０１９年7月26日『朝日新聞』）。

こうした動きが広がって行けば、経営主体は大きな差とは言えなくなる。むしろ地域医療の司令塔として都道府県が契約（あるいは契約的な方法）で地域医療連携推進法人のミッションを明らかにするような形になれば、地域医療連携推進法人の公共性は高まることになる。

さらに言えば、その先の課題として、医療費の節約と質の向上を図るために保険者と提供者が契約を結ぶアメリカのＡＣＯ（Accountable care Organization）のような方法論も想定されてくると思われる（「米国における医療の質向上と費用抑制の両立のため取り組み」、「米国ヘルスケア改革本格実施後の新しいヘルスケアサービス提供システムと健康保険者」）。

【用語解説】

⑦地域包括ケア

近年、医療・介護分野では「地域包括ケア」の言葉を聞かない日はない。２０１４年の地域医療介護総合確保推進法では、「地域の実情に応じて、高齢者が可能な限り、住み慣れた地域でその有する能力に応じ自立した日常生活を営むことができるよう、医療、介護、介護予防、住まい及び自立した日常生活の支援が包括的に確保される体制」と定義されている。しかし、その言葉使いは極めて曖昧であり、時には給付抑制の隠れ蓑として使われている。

さらに、近年は「地域共生社会」という言葉も盛んに使われており、こちらは「子供・高齢者・障害者など全ての人々が地域、暮らし、生きがいを共に創り、高め合うことができる社会」と定義されている（２０１６年６月の「ニッポン一億総活躍プラン」）。

つまり、地域包括ケアが高齢者を対象としていたのに対し、地域共生社会は障害者、子育てなど幅広く対応することが意識されている。

もちろん、両者のコンセプトに異議を差し挟むわけでないが、こうした言葉遣いは今でも目的が曖昧な地域医療構想の議論を一層、不明確にしてしまうリスクがあるため、本書では引用を除いて使わない。

⑧医師確保計画、外来医療計画

医師の偏在是正を図るため、都道府県が医療計画の一部として２０２０年３月までに策定した。これまでは「人口10万人当たり医師数」をベースに、各都道府県が医師確保を独自に取り組んでいたが、医師確保計画では性年齢別の違いを加味しつつ、医師の供給数と住民の受療率を反映できる「医師偏在指標」という指標を創設し、全国一律で医師数の偏在状況を可視化した。

これを基に、各都道府県は下位3分に1に相当する2次医療圏を「医師少数区域」、上位3分の1を「医師多数区域」に指定。その上で、医師少数区域で確保すべき医師数を「目標医師数」と計算し、医学生の教育プログラム改善などに取り組むとしている。

しかし、ベッドのコントロールを目指す地域医療構想と異なり、医師確保計画は移動しやすいヒト（医師）を対象としており、どこまで実効性を担保できるか不透明である。

併せて、外来の偏在是正についても「外来医療計画」の策定を通じて、外来を巡る偏在の可視化を図るとともに、医療機関の自主的な対応を促すとしている

⑨保険者協議会

協会けんぽや都道府県などで構成する形で、都道府県単位に設置された協議会。元々、健診の円滑な実施などを議論する場として、2004年の指針で設置され、2015年に法定化された。

さらに、都道府県が医療計画や医療費適正化計画を6年ごとに改定する際、保険者協議会の意見を聴くことが義務付けられるようになり、現に地域医療構想の策定プロセスでは協会けんぽの全支部が保険者協議会を通じて意見を表明した。

第2章で触れた2018年度の「惑星直列」の制度改正を経て、都道府県が主体的に保険者協議会の運営に関わったり、健診データの提供・解析などで協力したりすることも想定されており、近年は都道府県医師会や有識者が参加する動きも広がっている。

第9章
自治制度改革

情報開示・情報共有の強化

次に自治制度改革を取り上げる。最初の処方箋は調整プロセスに関する情報開示である。第1章で触れた通り、病院の統廃合や病床削減は住民の反発を受けやすく、中でも公立病院の存続問題は地方の選挙で取り上げられやすいため、首長や地方議員の意向も絡む。こうした点については、いくら専門家が「将来は人口が減りますので、病床は不要になります」などと再編・統合の必要性を説いたところで、将来予測通りには行かない面がある。実際、424病院の名指しを受けて、各地域では混乱が見られたが、地域医療構想を本気で進めれば、何らかの形で必ず起きるはずの摩擦だった。当事者にはカチンと来る皮肉な物言いかもしれないが、今後3～5年ぐらいのスパンで起きる変化を僅か1～2週間で凝縮して起こしたと理解することも可能であり、丁寧な説明と情報開示を通じて、住民を含めた関係者間の合意形成を積み重ねるスタンスが求められる。

こうした情報開示の重要性については、いくつかの文脈で説明できる。まず、行政学の説明に従うと、「地方自治」は「団体自治」と「住民自治」に区分されており、前者は「自治体の自律的領域（の拡充）」を目指す自治体に対する権限移譲であり、「国から自治体に多くの権限を移譲することによって自治体の仕事の範囲を広げ仕事量を増やすこと」「自治体による事務事業執行に対する国の統制を緩和すること」、後者は「住民が自治体の運営に日常的に参加し、住民の総意に基づいて自治体政策が形成・執行されるように仕組みを変革していくこと」とされている（『地方分権改革』）。

これを地域医療構想に当てはめると、地域の課題を地域で解決することを目指し、都道府県知事の裁量と責任を拡大した点は医療行政に関する都道府県の団体自治の強化と言えるが、団体自治と住民自治の考え方に沿うと、地域の提供体制について、住民の意見が反映されるシステムにしなければ、団体自治は積極的な意味を持たないことになる。

確かに地域医療構想の推進では、最終的に民間医療機関の経営判断に関わる部分が大きくなるため、住民の意向だけで提供体制を左右できないのは事実だが、調整会議への住民代表の参加や住民向け説明会の開催、小規模なワークショップの開催、調整会議の議事・資料公開などを通じて、きめ細かく住民の意見を聴取したり、情報共有したりする地道な取り組みが求められる。

もちろん、「住民」と言っても一様ではないし、いわゆる「モンスター患者」と呼ばれるような人も含めて、ニーズや状態は千差万別である。ここで注意しなければならないのは全ての関係者の利害を満たすことはできない点である。例えば、病床削減による医療費抑制を通じて、納税者や被保険者の利害が確保されたとしても、切れ目のない提供サービスが確保されなければ、医療サービスを利用する患者が満足するとは限らない。一方、患者の言い分を最大限に尊重し、急性期など高コストな医療機能を維持すると、納税者や被保険者の利益が損なわれかねない。

同様の対立は慢性期病床の削減でも起き得る。慢性期を大幅に削減すれば、費用の節約を通じて納税者や被保険者の負担は軽減されるが、受け皿となる在宅医療や介護施設などを整備しなければ、必要な医療が受けられなくなり、「医療難民」「介護難民」に向けた不安や不満が高まる。

さらに慢性期を削減した後、その受け皿を介護保険施設に求めた場合、介護保険料が上昇する可能性がある。しかも、介護保険は国民健康保険と異なり、税金の投入を通じた保険料の軽減が原則として禁じられているため、医療・介護を通じたトータルの費用が増えたわけではないにもかかわらず、給付費の増加がダイレクトに保険料上昇として現われやすい。このケースでは医療保険から介護保険に財源がシフトする結果、異なる制度の被保険者同士で利害が対立することになる。

このように複雑に利害が絡み合う状況を打破する上で、情報開示・情報共有は非常に重要である。さらに、住民を含めた幅広い当事者の参加と丁寧な合意形成が求められる。主な関係者は**図表42**の通りであり、これだけの利害関係者の意見を反映させなければならない難しさを理解できるであろう。

さらに、調整会議を中心とした合意形成の民主的正統性を高めるため、調整会議のトップ

図表42　医療・介護制度に関する地域の関係者と関係性

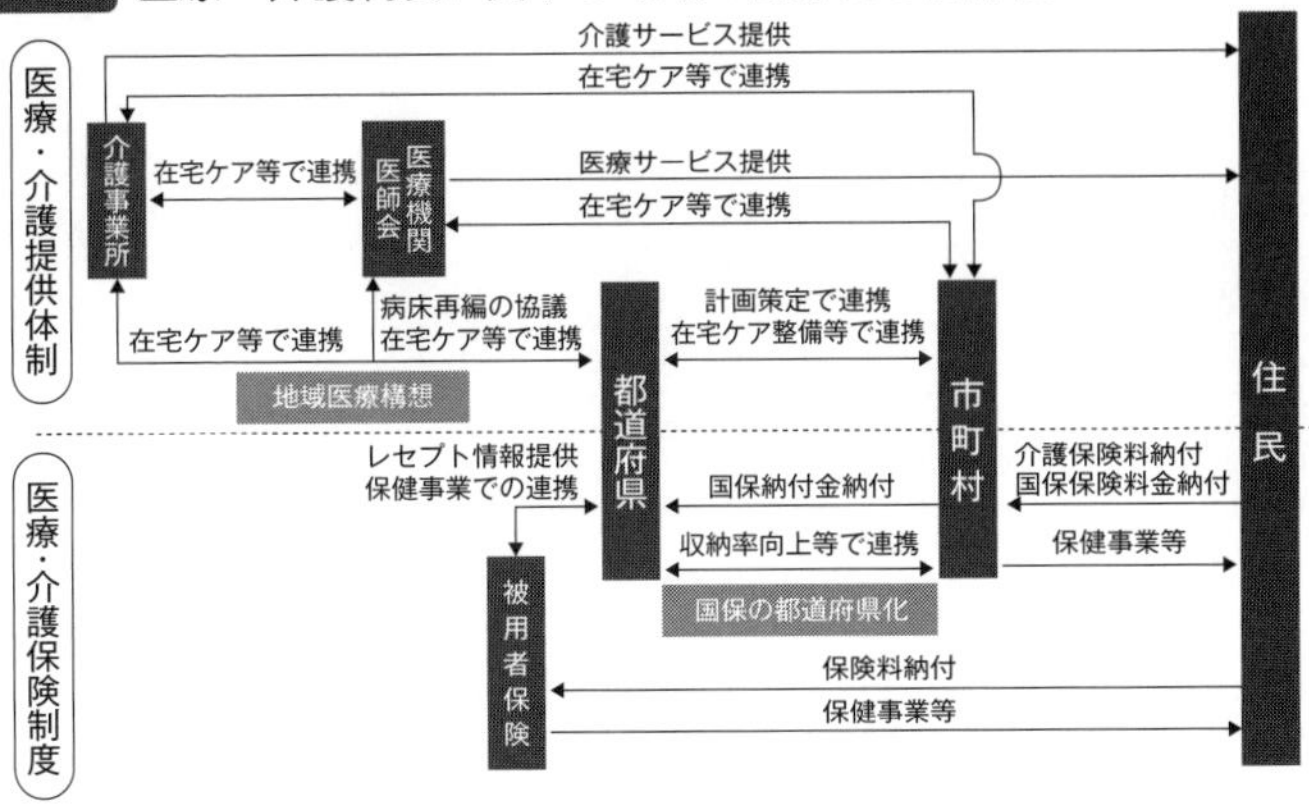

（出典）　各種資料を基に作成
（注）　主な動きを図示しており、一部を省略している。

を都道府県知事に変更したり、調整会議の資料、議事録、決定事項を都道府県議会に報告するよう義務付けたりする制度改正も必要と考えられる。

軍拡を軍縮モードに変える方法

情報開示の重要性については、第1章で触れた「医療軍拡」とも一致する部分がある。つまり、競争にさらされている医療機関が「競争相手が急性期を維持するのであれば、うちも維持しないと」と考えたがる判断や行動である。ここで、国家同士の軍拡を考えると、一般的に軍拡が最も進むのは、お互いに疑心暗鬼になった時である。例えば、米ソが核兵器の開発と生産を進めたのは「核開発を先んじたアメリカが先制核攻撃を仕掛けて来るかもしれない」「通常兵力に勝る欧州でソ連が通常戦を始めるのではないか」といった疑心に駆られたためである。こうした軍拡を止める上では、共通の利益で一致することが重要である。例えば、米ソの緊張緩和が始まった契機は１９６２年の「キューバ危機」だった。この時にはソ連が核兵器を運搬できる中距離弾道ミサイル基地をキューバに整備しようとしたことで、米ソ両国は一触即発の状態となり、世界は全面核戦争の危機に直面した。結局、ソ連がミサイル基地をキューバから撤去することで決着したが、この危機を通じて両者は「核戦争の防止」という共通の利益で一致し、緊張緩和に向けた機運が生まれた。

さらに、情報開示・情報共有は関係者同士の信頼関係を醸成する上で重要であり、こちらも冷戦期の国際政治で議論された経緯がある。例えば、キューバ危機では「アメリカがキューバを攻撃するのではないか」というキューバの不信感がミサイル基地の建設に繋がり、この行動が「主要都市を攻撃される危険性が高まる」というアメリカの懸念を強め、米ソ両首脳が互いに腹を読めなかったことが戦争の危機を増大させた。このため、キューバ危機の後には信頼醸成の必要性が認識されるようになり、米ソ両首脳同士を電話で繋ぐホットライン協定の締結（１９６３年）など両者の間で意思疎通が図られるようになった。ヨーロッパでも東西両陣営の首脳が集まる「欧州安全保障協力会議（ＣＳＣＥ、現ＯＳＣＥ）」が１９７５年に発足し、信頼醸成措置（ＣＢＭ）と呼ばれる取り組みとして、軍事演習の事前通告、経済・科学技術・環境協力などを地道に積み重ねられ、冷戦終結の基盤となった。

こうした国際政治の経験は医療軍拡にも役立つと思われる。つまり、民間医療機関同士は競争している分、疑心暗鬼の状態になりやすいし、都道府県のスタンスに対しても、民間医療機関側は「病床削減を押し付けるのではないか」といった不安と疑念を持っているかもしれない。しかも都道府県は公立病院を所管している点で言えば、民間医療機関から見ればライヴァルであり、ただでさえ「公立病院の利益を重視するのでは」と疑われやすい。言わば審判役の都道府県がプレイヤーを兼ねている面があり、もし公立病院の利益を優先する言動を見せれば、「相撲の行司が力士として、まわしを付けている」といった批判を招きかねない。

こうした中では調整会議を中心とした病床削減の議論は進みにくく、信頼醸成を進める上では、調整会議の議事録や資料を開示・共有していく必要がある。その際、先に触れた通り、調整会議で用いた議事録・資料、議論の内容を都道府県議会に報告するような制度改正も必要であろう。

都道府県と市町村の連携強化

都道府県と市町村の連携強化も課題となる。医療行政が都道府県化されつつある一方、2000年度に創設された介護保険は市町村を主体として発足した経緯があり、医療・介護連携を図る上では、都道府県と市町村が足並みをそろえる必要がある。国としても、介護保

図表43 在宅医療・介護連携推進事業の概要

事業の内訳	事業の内容
地域の医療・介護資源の把握	▶地域の医療機関、介護事業所の機能等を情報収集。 ▶これらの情報を整理し、リストやマップなどの必要な媒体を選択して共有・活用。
在宅医療・介護連携の課題の抽出と対応策の検討	▶地域の医療・介護関係者などが参画する会議を開催し、在宅医療・介護連携の現状を把握・共有し、課題の抽出、対応策を検討。
切れ目のない住宅医療と介護の提供対策の構築推進	▶地域の医療・介護関係者の協力を得て、在宅医療・看護サービスの提供体制の構築を推進。
医療・介護関係者の情報共有の支援	▶情報共有シート、地域連携パスなどの活用により、医療・介護関係者の情報共有支援。 ▶在宅での看取り、急変時の情報共有にも活用。
在宅医療・介護連携に関する相談支援	▶医療・介護関係者の連携を支援するコーディネーターの配置などによる在宅医療・介護連携に関する相談窓口の設置・運営により、連携の取組を支援。
医療・介護関係者の研修	▶地域の医療・看護関係者がグループワークなどを通じ、他職種連携の実際を習得。 ▶介護職を対象とした医療関連の研修会を開催。
地域住民への普及啓発	▶地域住民を対象としたシンポジウムなどの開催。 ▶パンフレット、チラシ、HP などを活用した在宅医療・介護サービスに関する復旧啓発。 ▶在宅での看取りについての講演会の開催。
在宅医療・介護連携に関する関係市区町村の連携	▶同一の二次医療圏内にある市区町村や隣接する市区町村などが連携し、広域連携が必要な事項について検討。

（出典）　厚生労働省資料を基に作成

険財源の一部を活用した「在宅医療・介護連携推進事業」を２０１５年度に創設し、全市町村が**図表43**に掲げた８つの事業を２０１８年４月までに実施するように義務付けた。具体的には、▽地域の医療・介護資源の把握、▽医療・介護関係者の情報共有の支援、▽医療・介護関係者の研修――などである。

しかし、医療提供体制について、専門の担当窓口を置いていない市町村が多く、市町村が医療行政と接点を持っていないことが課題となっている。その一例として、在宅医療・介護連携推進事業に関するアンケート調査を取り上げよう。この調査では在宅医療・介護連携に関する課題を問うており、１位は５点、２位は４点、３位は３点、４位は２点、５位は１点として、回答で寄せられた各課題をスコア化した。その結果が**図表44**の通り、「地域の医療・介護資源の不足」「事業実施のためのノウハウの不足」「行政と関係機関（医師会、医療機関等）との協力関係の構築」の3点が優先して解決すべき課題として挙がっていた。

ここから浮かび上がる課題として2点を挙げる。第1に在宅医療に関して、市町村の対応が十分とは言えない可能性である。**図表45**の通り、市町村は都道府県に対し、市町村職員への研修、地域の健康課題や患者の受療行動などを把握するためのレセプトデータの提供や分析などを要望しており、職員の経験が十分とは言えない。医療政策を担うセクションや職員を置いておらず、介護保険や健康関連の部署が併任で実施しているところも少なくないと見られる。この状況で医師会など医療関係者もどこの部署を窓口にしていいのか分からないだろう。

第2に、市町村が地域の医師会との関係構築に苦労している可能性である。市町村と地域の医師会の接点は意外に少なく、市町村から地区医師会に対し、地域・学校の検診や介護保険の要介護認定審査会で協力を依頼している程度である。しかも、複数の自治体職員から「検診などを依頼している立場なので、気を遣っている」といった声を耳にしており、市町村が地域の医師会に遠慮している様子が伺える。この点については、市町村が都道府県に望んでいる支援策として、「医師会など関係団体との調整」を挙げていることからも分かる。

こうした中で、市町村が医療行政に乗り出している事例を幾つか挙げよう。まず、在宅医

図表44 在宅医療介護連携に関する市町村の課題

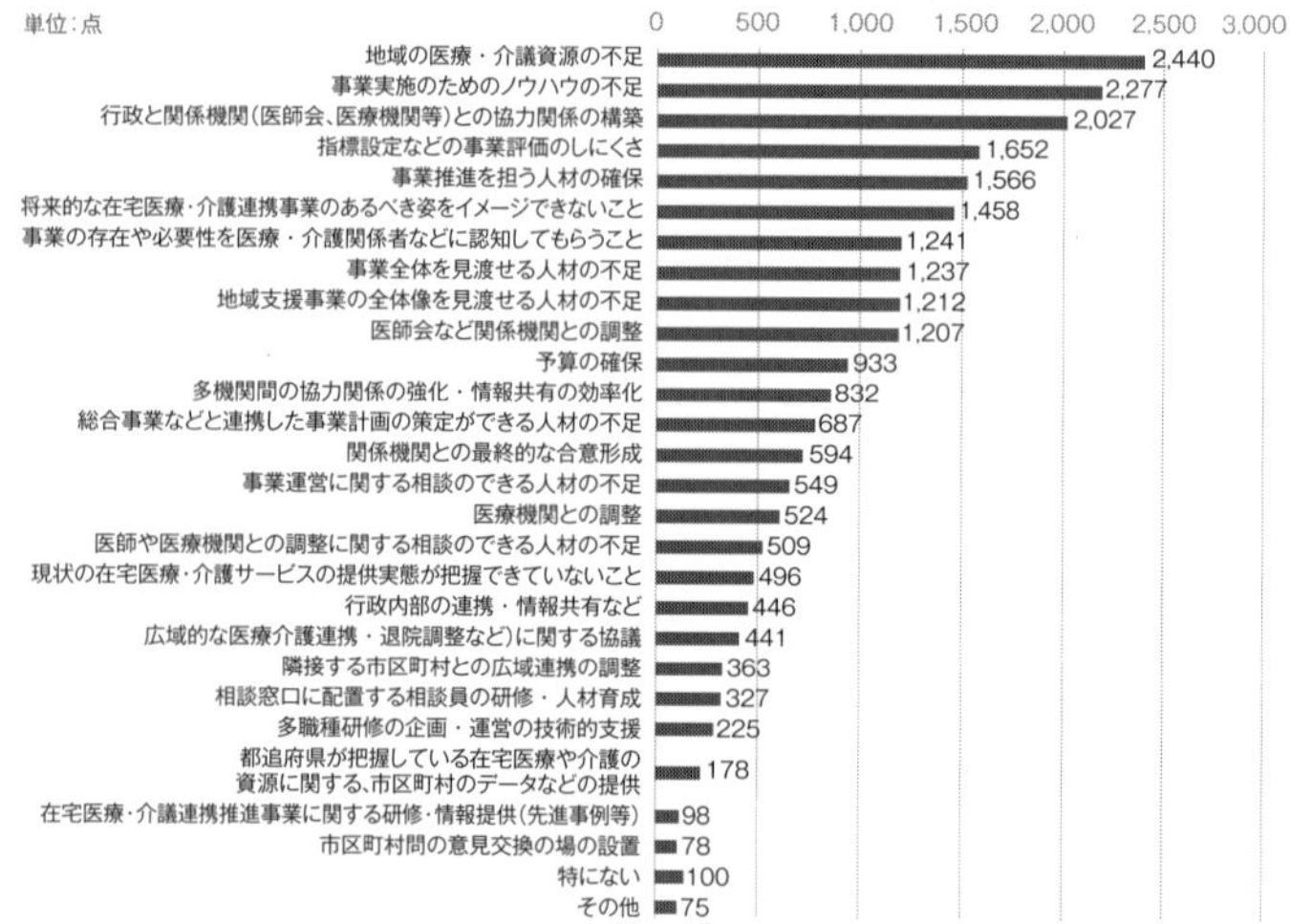

（出典）　野村総合研究所（2019）「地域包括ケアシステムにおける在宅医療・介護連携推進事業のあり方に関する調査研究報告書」を基に作成
（注１）　回答数は 1,734 団体。
（注２）　１位は５点、２位は４点、３位は３点、４位は２点、５位は１点として各課題をスコア化。

図表45 市町村が在宅医療について都道府県に望む支援策

支援項目	団体数
医師会など関係団体との調整	1,208 団体
広域的な医療介護連携（退院調整等）に関する協議	1,200 団体
在宅医療介護連携事業に関する研修、情報提供	1,119 団体
在宅医療や介護資源に関するデータ提供	1,079 団体
医療機関との調整	1,022 団体
相談窓口に配置する相談員の研修・育成	981 団体
多職種研修の企画・運営の技術的支援	963 団体
市町村間の意見交換の場	881 団体
その他	79 団体
特に無い	23 団体

（出典）　厚生労働省資料を基に作成
（注１）　2016 年８月現在。
（注２）　調査対象は 1,741 市区町村。
（注３）　複数回答可。

療・介護連携に取り組んでいる神奈川県横須賀市の事例である（2016年8月21日『毎日新聞』）。国が在宅医療・介護連携推進事業を制度化される以前の2011年度から医療・介護連携に取り組んでおり、施策は大別すると、（A）専門職の連携強化、（B）市民向け啓発—の2つであり、前者では▽多職種による合同研修会やセミナーの開催、▽市独自の「退院前カンファレンスシート」の作成、▽医療的な知識を持たないケアマネジャーのための在宅療養セミナー、▽異なる文化の多職種が集まった際の留意点などを定めた「よこすかエチケット集」の作成——などを実施している。

さらに、後者の市民向け啓発では、▽在宅医療を実施している医療機関の公表、▽在宅ケアに向けた心構えや方法論を記した「在宅療養ガイドブック」の作成・公表、▽在宅療養に関するシンポジウムの開催——などの施策を展開しており、市役所や市医師会などの関係者が集まる「在宅療養連携会議」で議論・決定している。

東京都稲城市の事例もユニークであり、先進的である。稲城市は市版地域医療構想と言うべき「市医療計画」を2016年3月に作成した。ここでは市が入手できる国民健康保険、後期高齢者のレセプトのデータを活用し、他市への患者流出入を明示したり、地域包括支援センターごとに医療・介護資源の位置情報を地図に落とし込んだりしつつ、高度急性期、急性期、回復期、慢性期の現状と2025年の医療の姿を予想した。さらに、市民を対象にしたアンケートに加えて、地元医師会に加入する医師にもアンケートも実施し、市民のニーズと医師との認識ギャップも浮き彫りにし、市が現時点で考える施策の方向性を「あるべき姿」という別紙で整理した（2019年5月29日、6月5日『m3.com』）。

東京都武蔵野市も2017年5月、「市地域医療構想2017」を策定した。ここでは市内にある病院の廃止や建て替えも視野に入れつつ、医療需要や病院の現状を可視化した。その上で、2025年に向けた病院機能の充実、救急医療体制の維持・充実、武蔵野赤十字病院の高度急性期としての機能強化、医療・介護連携、認知症ケアへの対応、人材確保といった対策を列挙した。

つまり、それだけ市町村が医療行政、特にプライマリ・ケアに絡む在宅医療や医療・介護連携に取り組む必要性は高まっており、プライマリ・ケアに関する部分については、市町村に対して「市町村版地域医療構想」に相当する「市町村医療計画」（仮称）の策定を義務付ける制度改正が考えられる。

こうした制度改正を通じて、市町村が主体的に在宅医療やプライマリ・ケアに関わることが可能になれば、都道府県と市町村が重層的に生活を支える体制が整備される。さらに、新型コロナウイルスへの対応では、介護施設などにおけるクラスター対策の強化が求められており、医療行政を司る都道府県と、介護行政を担当する市町村の連携はウィズ・コロナ時代における医療体制の強化にも繋がるし、有事対応の経験はアフター・コロナにおける医療・介護連携にも役立つのではないだろうか。

第10章 財政制度改革

負担と給付の関係の明確化

最後に、負担と給付の関係の明確化である。地域医療構想が国民健康保険の都道府県化などとともに、「医療行政の都道府県化」の1つに組み込まれている点については、第2章で述べた通りである。つまり、財政運営の責任主体と提供体制の責任主体を一致させることで、負担と給付の関係を都道府県単位で明確にしようという意図が見て取れる。

では、現実的な問題として、住民は負担と給付の関係を本当に理解できるだろうか。日本の医療保険制度では保険料や税金が複雑に入り組んでおり、負担と給付の関係は極めて分かりにくい。しかも、どんなに過剰な病床を維持したとしても、その費用を他者に分散できる構造を持っている。

例えば、地域医療構想の病床推計ベースで500床が将来的に余剰になると試算されている地域を事例に考えてみよう。地域医療構想の病床推計は一定の機械的な計算に過ぎず、絶対に500床を削らなければならないわけではない。むしろ、医療機関や住民など関係者の合意形成を経て、300床しか削らないという選択肢は大いにあり得るし、それで住民を含めた地域の関係者が納得しているのであれば、むしろ望ましい結果と言える。

しかし、ここに負担の問題を加味すると、話がややこしくなる。分かりやすく言えば、「過剰な病床を200床維持する場合の費用負担はどうなっているだろうか」という点である。

まず、保険料と税金が複雑に入り組んだ現在のシステムでは、その費用が「見える化」されておらず、医療機関の経営者や住民は「200床を維持するため、どれだけのコストが掛かっているのか」というコスト構造を理解しにくい。この結果、いくら保険制度の運営を都道府県単位にしても、複雑な制度は「そのほかの地域よりも医療費や保険料負担が高い理由は何か」といった点を住民や地域の関係者が考える機会を奪っており、コスト意識が失われている可能性がある。これが結果的に「総論賛成・各論反対」の議論を作り出しやすい土壌になっていると言える。

負担と給付の関係を不明確にしている典型例が国民健康保険の法定外繰入である。法定外繰入とは、医療費の増加や保険料収入の減少などの結果、国民健康保険の赤字が発生した際、保険料の引き上げで財源を確保するのではなく、税金で穴埋めすることを指す。その際、往々にして補正予算などで対応されるため、住民にとっては、どれだけのコストが掛かったか見えにくくなっている。法定外繰入のイメージは**図表46**の通りである。

しかも、現行制度では医療給付費に対して、一定の割合で国から補助金が交付される。例えば、協会けんぽの医療給付費については16・4％の定率補助が入っており、国民健康保険に関しても、国・都道府県の定率補助として50％の補助を受けられるだけでなく、保険料の軽減や市町村による赤字補塡、それに対する地方交付税の措置、前期高齢者財政調整の交付金、

図表46 法定外繰入のイメージ

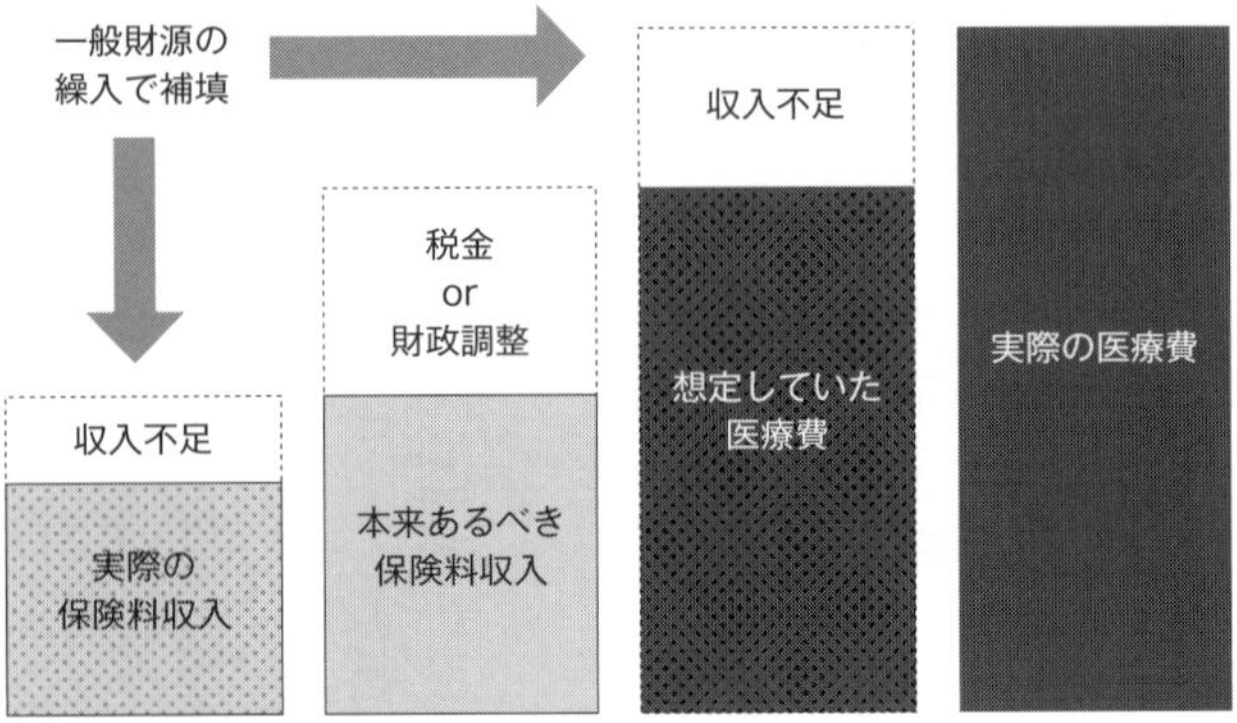

（出典）　厚生労働省資料を基に作成

図表47 医療費に関する国庫補助のイメージ

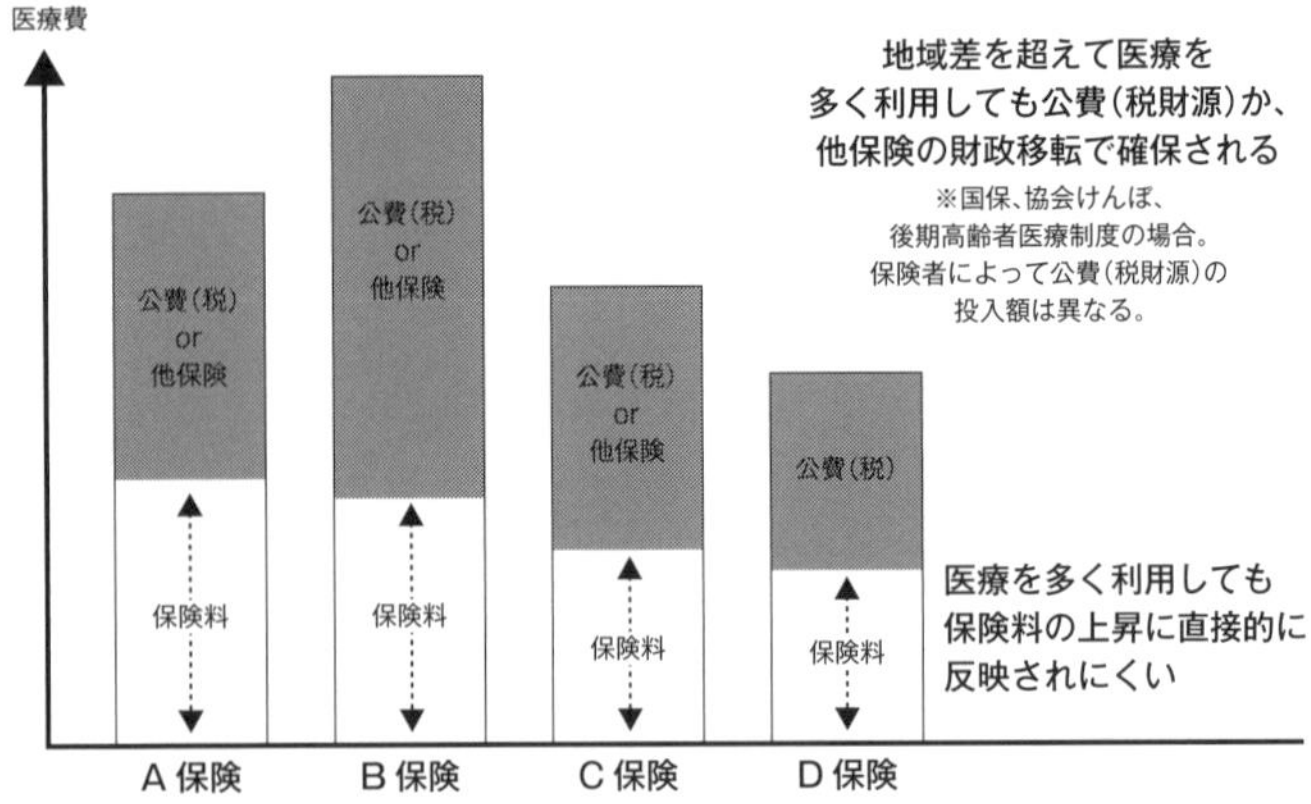

（出典）　各種資料を基に作成

後期高齢者医療制度支援金（用語解説⑩を参照）の拠出といった形で複雑に資金が出入りしており、保険料の上昇に跳ね返りにくい。言い換えると、過剰な病床を維持した場合の負担を納税者や他の種類の保険加入者に転嫁できるシステムである。これを簡単にイメージ化したのが**図表47**である。

このように地域住民の判断で増えた負担でさえも、他者に広く薄く分散させることができるシステムは、負担の平等性は高まるとしても、公平な負担とは言い難い。地域医療構想を通じて、医療需要や病床推計に関して1つの目安を示したことで、合意形成の議論が進みやすくなったが、併せて負担の制約条件も示さなければ、過剰な病床を維持する方向に議論が傾きやすくなる。何よりも「過剰な病床を維持することで、医療のアクセスは維持したい。でも、その分のコストは他者に負担を求める」という構造自体が「総論賛成・各論反対」を助長しかねない。

なお、筆者は「公的医療保険制度についての財政支出が全く不要」と主張しているわけではない。低所得者に対する保険料の軽減などの税金投入は認められるべきであり、救急医療や重度障害者に対する医療など政策的な医療に関しても必要額を税金で確保する必要がある。

しかし、ここでは医療給付費に対する税金投入の方法を問題視しており、新たな制度改正として、**図表48**のような内容を提案したい。すなわち、国・地方の公費（税金）で負担する部分を一定割合に限定し、全国平均を超えて医療サービスを利用している部分については、

図表48 医療保険制度改革のイメージ

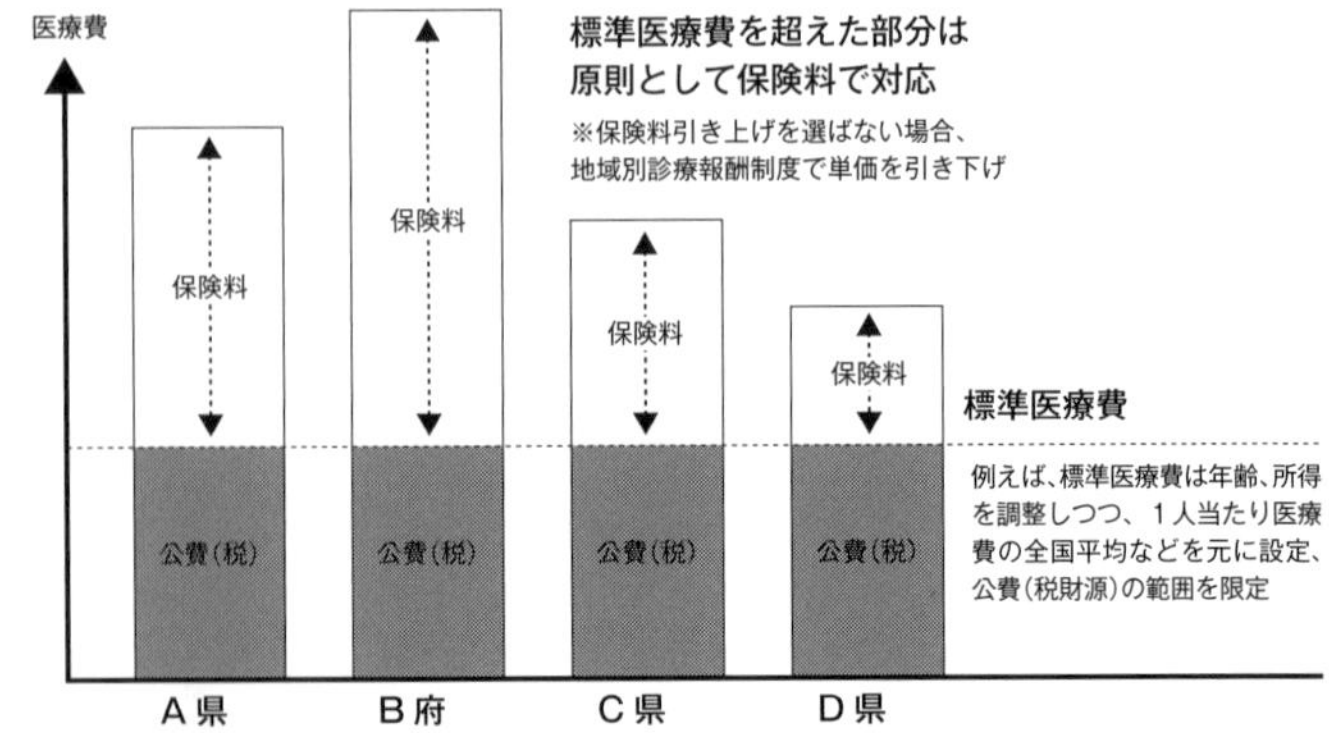

(出典)　筆者作成
(注)　実際の標準医療費は地域ごとに異なるが、ここでは簡略化した。

地域住民の負担として反映されるシステムに転換する必要がある。

少し細かく補足しよう。まず、人口1人当たり医療費の平均値などを用いた標準的な医療値(ここでは仮称として「標準医療費」とする)を設定し、ここまでは国民全体の社会連帯を示す費用として、都道府県単位に再編成された保険者に対して税金を分配する。一方、「標準医療費」(仮称)を超える部分については、被保険者である住民が自己負担または保険料で負担することで、負担と給付(受益)の関係を明確にする。

一方、もし超える部分について、保険料の負担を受け入れないのであれば、都道府県独自に設定できる「地域別診療報酬制度」を通じて、「1点=10円」の単価を下げる選択肢も視野に入れることとする。

その際、住民や自治体、保険者の責任で解決できない要素については、事前に調整する必要がある。一般的な傾向として、加齢とともに病気になるリスクが高くなり、高齢者が多くなれば当然、医療費は増えるし、保険料も上昇するが、高齢者が多いこと自体、自治体や地域住民の責任では解決できない。

そこで、「リスク構造調整」を採用する必要がある。紙幅の都合上、ここではリスク構造調整の細かい計算式に立ち入らないが、要は高齢化率などの要素を加味し、高齢者が多い地域には税金を多く分配し、高齢化率が低い地域には税金を少なく支出することで、負担を公平化しようという考え方である。リスク構造調整については、既にドイツやオランダで採用されている（「医療制度改革と管理競争」『会計検査研究』No.36、『医療と介護の世代間格差』）ほか、日本でも協会けんぽで部分的に導入されている。つまり、「高齢者の多さや所得の水準など、止むを得ない部分については事前に考慮し、保険料を設定しましょう」という考え方である。その分、**図表48**の「標準医療費（仮称）」は単純な全国平均の1人当たり医療費ではなく、高齢化率や所得の違いを考慮するため、実際には横線に凸凹が生まれることになるが、こうしたシステムが導入できれば、保険料の水準を決定する際の要因から高齢化率などが除外されるため、「病床が多いので、医療費も多い」「疾病管理が不十分なので、医療費が多い」といった形で、医療費増加の理由が見えやすくなる効果がある。

もちろん、この制度改正案には様々なハードルが待ち構えている。例えば、協会けんぽ、国民健康保険、後期高齢者医療制度は都道府県単位で保険料を決めているが、地方銀行や地

図表49 奈良方式のイメージ

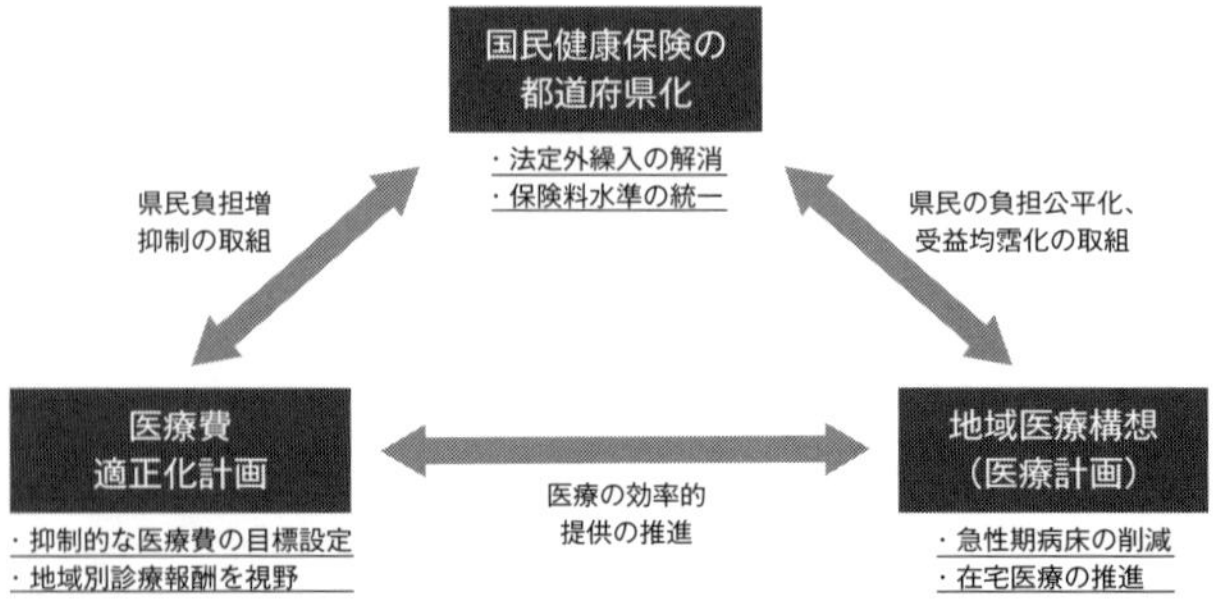

（出典）　奈良県資料、2018年4月11日財政制度等審議会資料を基に作成
（注）　下線は筆者の追加。

方メディアなどの例外を除けば、健康保険組合と共済組合は全国規模で運営されており、保険料の設定が都道府県単位になっていない。さらに既述した通り、国民健康保険については、「法定外繰入」と呼ばれる自治体の税金を使った赤字補填が多く入っており、負担と給付の関係が「見える化」されておらず、都道府県内で保険料の水準を統一化する動きも広がっていない。何よりも公的医療保険制度を巡る税金や保険料の流れが複雑であり、こうした制度改革を一気に進めるのは難しい。

しかし、地域医療構想と国民健康保険改革、医療費適正化計画の「3点セット」を意識した動きが見られた。地域医療構想の策定時点で3つを明確にリンクした奈良県である。さらに、ここで述べた筆者の私見と「奈良方式」には共通する部分があり、その内容を取り上げる。

図表50　奈良県が考える医療費適正化計画と保険料水準の統一の関係

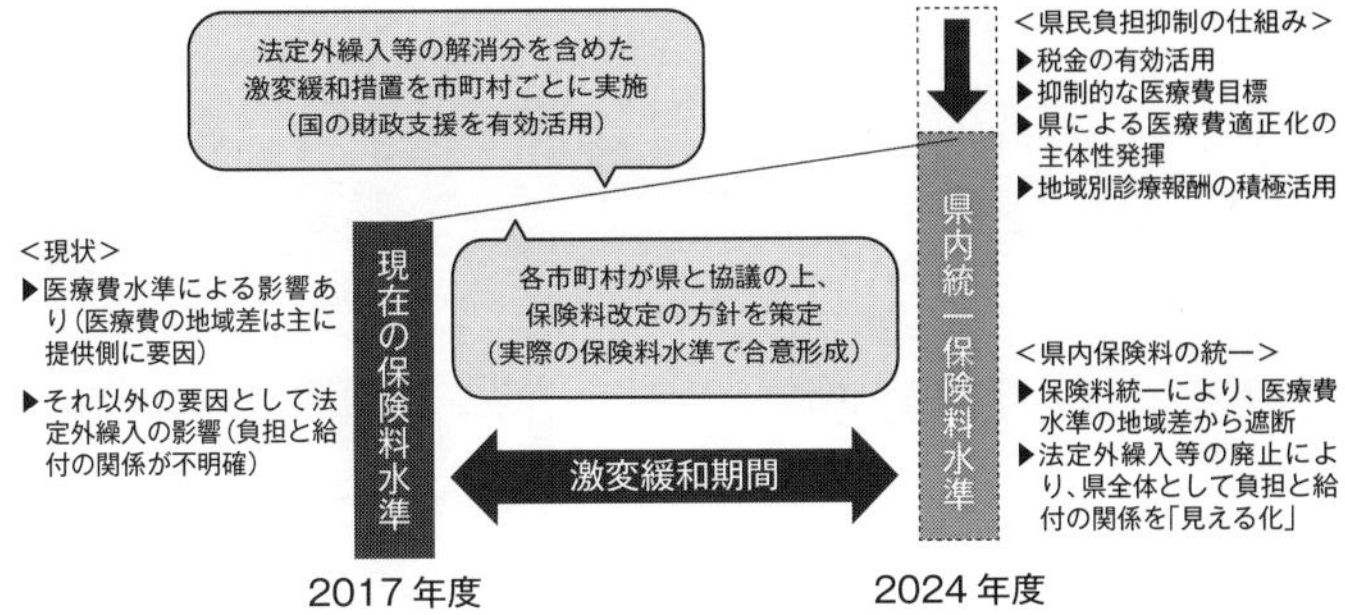
法定外繰入等の解消分を含めた
激変緩和措置を市町村ごとに実施
（国の財政支援を有効活用）
<県民負担抑制の仕組み>
▶税金の有効活用
▶抑制的な医療費目標
▶県による医療費適正化の主体性発揮
▶地域別診療報酬の積極活用
<現状>
▶医療費水準による影響あり（医療費の地域差は主に提供側に要因）
▶それ以外の要因として法定外繰入の影響（負担と給付の関係が不明確）
現在の保険料水準
各市町村が県と協議の上、
保険料改定の方針を策定
（実際の保険料水準で合意形成）
県内統一保険料水準
<県内保険料の統一>
▶保険料統一により、医療費水準の地域差から遮断
▶法定外繰入等の廃止により、県全体として負担と給付の関係を「見える化」
激変緩和期間
2017年度
2024年度

（出典）　奈良県資料を基に作成

「奈良方式」の挑戦

奈良方式のイメージは**図表49**の通りである。つまり、医療費適正化計画で抑制的な目標を掲げ、地域医療構想で病床削減を進め、国民健康保険制度改革で一般会計による損失補填の圧縮・解消と保険料水準の県内統一を図るという内容である。実際、第3章で述べた通り、奈良県は地域医療構想の策定時点で、地域医療構想、医療費適正化計画、国民健康保険の都道府県化の3つをリンクさせた唯一の都道府県であり、こうした考え方の下、2018年度の「惑星直列」に対応したと言える。

もう少し詳しく解説を試みる。まず、国民健康保険の都道府県化に際して、一般会計の赤字補填を段階的に圧縮・解消するとともに、保険料の水準を県内で統一する。その上で、医療費適正化計画で抑制的な目標を掲げると、**図表50**のようなイメージとなる。つまり、負担と給

図表51 地域別診療報酬制度を加味した奈良方式のイメージ

A：県民国保医療費総額（2024年度見込み）

県内国保医療費総額
（支払い診療報酬総額）
1,177億円
第3期医療費適正化計画上の2023年度医療費総額目標(4,813億円)の内数を延伸

●医療費適正化の推進
●国保事務支援センターの設置
●国保事務共同化の推進

当該マネジメントに当たっては、
医療機関の経営状況を適切に勘案

⟺ 均衡

B：県民の負担（2024年度見込み）

保険料による負担
218億円
その他
・受診時の自己負担：200億円
・法定の繰入　　　：319億円
・前期高齢者交付金：440億円

「同じ所得、世帯構成であれば、県内のどこに住んでも保険料水準が同じ」の原則

2024年度の統一保険料水準
県民1人当たり71,158円

介護納付金、後期高齢者支援金を含めると11万3,736円

A受益＞B負担になる場合

●赤字補填（法定外繰入）→不可　●支払い診療報酬総額の引き下げ→地域別診療報酬制度の活用
●保険料による負担総額の引き上げ→県内統一保険料の更なる引上げ

A受益＜B負担になる場合

●将来の医療費増加に向けて基金を積み立て　●保険料による負担総額の引き下げ→統一保険料の引き下げ
●支払い診療報酬総額の引き上げ→地域別診療報酬制度の活用

（出典）　奈良県資料を基に作成

付の関係が県内で一致しやすくなり、医療費が高齢化の伸び率を超えて増えた場合、医療サービスの利用が多かったことが明らかになる。そうなると、地域医療構想を通じて病床を削減したり、在宅医療を普及させたりすることで、全体の医療費を抑制する必要性が論じられやすくなる。こうして負担と給付の関係が一致し、両者の関係が県内で牽制されるという算段だ。

　さらに、医療費が増えた場合、保険料の引き上げを求める選択肢だけでなく、独自の診療報酬単価を設定することで、負担と給付を均等化させるとしている。この結果、医療費適正化計画で目標として定めた医療費が保険料の収入を上回った場合、保険料を引き上げるか、地域別

診療報酬制度（用語解説⑪を参照）を通じて単価を下げる。一方、医療費が保険料の収入を下回った場合、保険料を引き下げるか、単価を引き上げる。このことを通じて、負担と給付の関係を「見える化」するとともに、両者の間を牽制させることを目指している。具体的な数字を挙げたイメージも示されており、図表51の通りである。

具体的には、医療費適正化計画の目標である2024年度時点で、国民健康保険の総額は1177億円と見込んでいる。一方、県内で統一化された保険料の収入が218億円と試算しており、これ以外に患者の自己負担、法律で認められた自治体の繰入額、前期高齢者交付金を加味した収入額が均衡するように、保険料を増減させるか、診療報酬を見直すとしている。例えば、医療費（A）が保険料などの負担（B）を上回った場合、その追加分の負担については、税金を使った法定外繰入に求めるのではなく、保険料を引き上げるか、県独自で診療報酬を引き下げる。一方、保険料などの負担（B）が医療費（A）を超えた場合、▽将来の医療費増加に備えて基金を積み立てる、▽保険料を引き下げるか、▽診療報酬を県独自で引き上げる――といった選択肢を考えるとしている。

こうした奈良方式は診療側の警戒心を呼んでおり、日本医師会は「大変強い懸念を抱いている。地域別診療報酬による医療費抑制は絶対に容認できない」（2018年6月24日の日本医師会臨時代議員会における横倉義武会長の発言。6月26日『m3.com』）と反対した。最大の問題点として、日本医師会副会長だった中川会長は奈良県の医療機関にとって、収入減につながる点を指摘していた(10月28日『m3.com』)。例えば、1点10円を9円に引き下げた場合、診療報酬が10%の減になるのと同じであるため、「医療機関が倒産するのではないか」と懸念を示した。

直接の当事者である奈良県医師会も反対姿勢を貫いた(『医薬経済』2018年6月1日)。さらに、2019年4月の統一地方選に際して、奈良県の荒井知事と奈良県医師会の広岡孝雄会長が「地域の医療費に特異な増嵩が生じない限り、本県で地域別診療報酬を下げることはない旨、確認する」とする政策協定を交わしたことを指して、「奈良県が事実上凍結」と報じられた(2018年12月25日『m3.com』)。

これに対し、奈良県の荒井知事は当選後、(筆者注:2019年4月からの)次の任期の4年のうちに地域別診療報酬が動くことはないんじゃないか。それほど時間がかかる話」と説明しつつも、負担と給付の均衡に向けて、「これからのチャレンジである」と引き続き前向きな姿勢を示した(3月5日記者会見)。

その後、荒井知事は2019年5月に開催された財政審の地方公聴会でも、地域別診療報酬制度について、「滅多に抜かない」伝家の宝刀と形容しつつも、やはり検討する考えを示したほか、滋賀県の三日月大造知事も「床の間の刀の話は、私は県内でしたことないんですけれども、例えばそういう危機感や状況をしっかりと(筆者注:診療側や県民に対して)お伝えするということも含めて大変重要な取り組み」と述べた。診療側の危機感と警戒心は依然

図表52　診療報酬と地域医療構想の違い

	診療報酬	地域医療構想（医療計画）
主体	厚生労働省	都道府県
対象地域	全国一律	構想区域（2次医療圏）
制度が想定する時間軸	2年周期	2025年を想定（6年周期）

（出典）　厚生労働省資料を基に作成

として強く、実現に向けて曲折が予想されるが、今後も折に触れて国、自治体レベルで争点となりそうだ。

地域別診療報酬制度の評価

ここで、論じなければならないのが地域別診療報酬制度の性格である。日本医師会の反対姿勢に見られる通り、地域別診療報酬制度は医療費抑制の手段と見なされている。もちろん、そうした側面は否定できないが、筆者は単なる費用抑制の観点ではなく、「医療行政の都道府県化」を進める際の有効な手段と考えている。これを実施しなければ、都道府県単位で負担と給付の関係をバランスさせるのは難しくなるためである。

まず、第6章で触れた通り、診療報酬改定を通じて、地域医療構想を実現することは考えられていないが、そもそもの問題として両者の役割分担は整理されているとは言い難い。そこで、両者の違いを整理したのが**図表52**である。これを見ると分かる通り、想定されている政策の見直し期限、対象地域が異なる。

具体的には、診療報酬は全国一律であるのに対し、地域医療構想は構想区域単位であり、地域別診療報酬制度は全国一律で対応し切れない地域の課題に対応できる可能性がある。さらに、診療報酬は2年に1回、その度に課題となるテーマについて、細かい調整が行われるが、地域医療構想は２０２５年までを対象としており、医療計画も6年周期である。このため、目先の課題に対応しようとする診療報酬の改定内容が地域の長期的な課題に適合していない場合、地域別診療報酬制度で影響を緩和できる可能性がある。例えば、全国的に余剰となる急性期病床を減らすため、診療報酬改定を通じて、急性期病床の取得要件を厳しくした場合、医療過疎の地域では急性期病床を維持できなくなる可能性がある。そこで、過疎地の急性期病床を維持できるように、地域別診療報酬制度を通じて、診療報酬を独自に引き上げる選択肢も一案と考えられる。さらに、医師確保計画に基づいて、医師少数区域に医師の誘導を図る際、地域別診療報酬制度で単価を引き上げる選択肢も想定できる。つまり、地域別診療報酬制度は両者をミックスさせた問題解決が可能であり、1つの選択肢になり得る。

こうした地域別診療報酬制度の考え方は地方分権改革の趣旨と合致している。先に触れた通り、一般的に地方自治は「団体自治」と「住民自治」に区分され、自治体の権限を強化する地域別診療報酬制度は団体自治の1つと整理することが可能である。つまり、地域別診療報酬制度を単に医療費適正化の手段に用いるだけでなく、地域の実情に沿った提供体制改革を進めるためのツールと位置付けることが可能である。

こうした議論は新型コロナウイルスへの対応にも貢献する可能性がある。例えば、感染症指定医療機関など地域の中核医療機関に対し、都道府県の判断で診療報酬を独自に引き上げる選択肢が可能となる。実際、荒井知事は２０２０年７月の会合で、感染拡大で経営が悪化した医療機関を支援するため、地域別に診療報酬を引き上げる特例の必要性を訴えた（7月20日『共同通信』配信、8月15日『医薬経済』）。新型コロナウイルスへの対応に関して実効的な権限を有する都道府県の裁量と選択肢を広げることはウィズ・コロナの医療体制に欠かせない視点であり、アフター・コロナでも医療行政の都道府県化に貢献すると思われる。

ただ、地域別診療報酬制度の導入に際しては、いくつかの論点を踏まえる必要がある。第1に、現時点では国レベルの中医協の了解を取らなければ、地域別診療報酬制度が適用されない点である。しかも、適用するまでの意思決定ルールも明確になっていないため、ルールの明確化が必要となる。

第2に、診療報酬の安易な引き上げに繋がらないような歯止めである。先に触れたような形で、医療過疎地での単価引き上げを認めるにしても、安易に負担を他者に付け替えないようにするためには、その負担を都道府県内で完結させる必要がある。このため、地域別診療報酬の単価を引き上げる追加費用の原資は都道府県単位の保険料とし、都道府県内の住民に負担してもらうことを徹底しなければならない。増してや、都道府県知事と地元医師会のパワーバランスで、医療費が増加する可能性がある場合、こうした対応は不可欠である。

第3に、診療側の同意手続きを含めた意思決定の在り方である。国レベルの診療報酬は日本医師会など診療側、健康保険組合など支払側、有識者など公益委員の3者で構成する中医協で意思決定しており、地域別診療報酬制度を導入する際、同様の意思決定メカニズムを採用するかどうかが焦点となる。その際、地方版の中医協に相当する地方厚生局単位の地方社会保険医療協議会が想定できるが、都道府県単位ではない。次善の策として、先に紹介した都道府県単位の保険者協議会が想定される。保険者協議会には協会けんぽ、国民健康保険など各保険者が参加している上、2018年4月の「保険者協議会設置要綱」で住民の健康増進などを図る観点に立ち、都道府県単位の医師会の参加が明確化されたため、日本医師会は「ぜひ全ての都道府県医師会に保険者協議会の正式な構成員として参画してもらいたい」と呼び掛けている（2019年6月24日『m3.com』）。このため、結果的に保険者協議会が意思決定の場となる可能性がある。その際には意思決定プロセスや構成員の法定化などが必要になる。

第4に、全国規模の健康保険組合と共済組合の取り扱いである。先に触れた通り、両者は全国規模で運営されており、都道府県化されていない。このため、例えば奈良県が地域別診療報酬制度を導入した際、協会けんぽは奈良県支部、国民健康保険は奈良県、後期高齢者は奈良県広域連合が保険者協議会などの場を通じて意見を言える環境が整っているし、地方銀行や地方メディアの健康保険組合についても、保険者協議会の議論に参加しやすい。しかし、全国規模で運営されている保険者の場合、都道府県単位に支部を置いているわけではないため、議論に参加しにくい。こうした状態は被保険者にとって参加の機会を与えられていないことになり、地域別診療報酬制度を含めた医療行政の都道府県化を進める上ではネックになり得る。

【用語解説】

⑩前期高齢者財政調整と後期高齢者医療制度

被用者保険に加入していたサラリーマンは退職後、基本的に国民健康保険に移行する。この結果、高齢者医療費が国民健康保険に集中しやすい構造となっているため、2008年度制度改正で「前期高齢者財政調整」「後期高齢者医療制度」が創設された。

このうち、前者は65～74歳の前期高齢者に関する医療費について、相対的に有利な被用者保険から国民健康保険に保険料収入を移転させる仕組み。後者に関しては、75歳以上の高齢者が加入した後期高齢者医療制度が創設され、全市町村が参加した都道府県単位の広域連合が制度を運営している。

後期高齢者医療制度支援金とは、74歳以下の人が保険組合を介して支払う保険料であり、被用者保険の人だけでなく、国民健康保険の人も支払っている。

制度が複雑なので、説明も煩雑になってしまうが、要は「高齢者医療費を国民全体で割り勘するためのシステム」である。その際、65～74歳の医療費を「前期高齢者財政調整」、75歳以上の医療費を「後期高齢者医療制度支援金」と呼んでおり、その負担の多くを若い世代に求めていると言える。

⑪地域別診療報酬制度

２００８年に施行された高齢者医療確保法で規定されている仕組みであり、「診療報酬の特例」として、「医療費適正化を推進するために必要があると認めるときは、一の都道府県の区域内における診療報酬について、（略）他の都道府県の区域内における診療報酬と異なる定めをすることができる」と定められている。

第10章の通り、奈良県が導入に向けて検討したが、現在に至るまで適用例はなく、言わば「抜かずの宝刀」状態となっている。

最終章

複雑性と困難さが大きい地域医療構想

元々、地域医療構想で求められる調整とは難易度が高く、「病院部門内、入院と外来、医療と介護の役割を同時に調整する作業であり、複雑さと困難さが非常に高い」との指摘が以前から示されていた（「医療サービスの供給確保・地域医療構想」『社会保障研究』Vol.1 No.3）。例えば、病院部門内では急性期病床のスリム化と回復期病床へのシフト、医療と介護の役割調整では在宅ケアにおける連携が必要であり、関係者も多岐に渡るため、一口に「調整」と言っても、言うは易く行うは難しである。

さらに、「過剰な病床の削減による医療費抑制」「切れ目のない提供体制の構築」という2つの目的を混在させた結果、政策のターゲットが益々、見えにくくなった。ここに新型コロナウイルスという不確定要因が重なり、先行きは一層、不透明となった。

しかし、医療へのアクセスが悪化する住民の心情まで考慮すれば、医療提供体制改革は短兵急には進められない事情があり、住民を含めた関係者による地道な合意形成しか道は残されていないように感じる。

実際、医療計画制度が創設された１９８０年代の書籍では、合意形成や関係者の参加について、「（筆者注：日本の医療制度は民間が大半を占めているため、医療計画は）関係者の合意した努力目標に近い性格をもつ。良い計画に近づけ、実行し、評価していくには、関係者の主体的な参加が必要条件となる」と指摘されていた（『保健医療計画ハンドブック』）。さらに、当時の日本医師会長の書籍でも「医療計画は都道府県の医師会が自主的に行政と協議のうえでつくっていくべき」との記述がある（『現代の医療』）。

つまり、医療計画制度における合意形成の必要性は40年近く前から論じられていたことになり、言い換えると合意形成が如何に難しいことかを物語る。しかも、２０２０年に入って新型コロナウイルスの影響が重なったことで、視界不良の度合いは増しており、地域医療構想と相性が良くない感染症対策の要素を如何に加味するか、非常に難しい調整を都道府県は強いられることになった。

トクヴィルの警告

さらに国―地方の関係にも留意する必要がある。日本の地方自治制度は国、地方の事務が絡み合っており、少しの制度変更で国の役割を強化できる。こうした傾向が続けば、国は必要以上に仕事を抱え込むことになるし、いつまで経っても都道府県は全体として「国頼み」のスタンスを変えないであろう。

このように中央集権が現場の人を無気力、思考停止にしてしまう弊害を鋭く見抜いたのは

19世紀のフランスの思想家、トクヴィルである（『アメリカのデモクラシー』）。トクヴィルは貴族の出身だったが、平等を好む市民が中央集権を望む可能性を指摘した。所得格差だろうが、地域格差だろうが、市民の地位を平等にする上では、中央権力による調整が避けられず、政体は必然的に中央集権に向かうと論じたのである。

その一方、トクヴィルは中央集権の弊害として、「行政の集権には市民の公共精神を絶えず減退させる傾向があると考えられる」と説いた。その上で、中央集権がもたらす無気力について、トクヴィルは皮肉交じりに「集権制の側が窮余の一策として、市民の協賛を得ようとすることがある。だがその際、権力は次のように語る。諸君は私の望むとおりに、私の欲する限りにおいて、またまさしく私の欲する方向に動いてほしい。（略）このような条件の下では、人間の意思に基づく協力は決して得られない。そのためには自由に動き、行為に責任を取らせることが必要である」と続けた。

さらに、トクヴィルは「中央権力が、国民生活の細部に至るほど複雑多岐な機構を独力でつくり運営しようとしても、きわめて不完全な結果に甘んじるか、無気力な努力のうちに疲れ果ててしまうかどちらかである」とも論じた。

今後の地域医療構想を含めた提供体制改革について、筆者が恐れているのは、この展開である。つまり、診療報酬など既存の中央集権的な方法だけでは、高齢化のスピードなど地域の多様な実情を考慮できなくなったため、地域医療構想が制度化され、都道府県や住民の「協賛」を得ようとしたが、国は「過剰な病床の削減による医療費抑制」を重視する観点に立ち、様々な形で自治の現場に介入し、「国の欲する限りにおいて働いて欲しい」と言わんばかりの制度改正を積み重ねてきた。この結果、都道府県を含めた現場は「じっと動かないでいる方法を選ぶ」かもしれないし、国が「細部」まで抱え込むのは難しいため、地域医療構想は「不完全な結果」に終わり、関係者が「無気力のうちに疲れ果てる」かもしれない。トクヴィルが150年前に発した警告の大半は地域医療構想にそのまま当てはまるように映る。

しかし、いくら国が統制を強めても、地道な合意形成や取り組みが必要であり、それぞれの地域の実情を考慮できるのは自治体だけである。増してや、新型コロナウイルスという難しい課題に対処せざるを得なくなった今、国が全てを抱え込むのは恐らく困難である。本書で示した処方箋は地域の合意形成をバックアップする必要な手立てであり、都道府県を中心とした地域の関係者による主体的な対応に期待したい。

あとがき

医療制度を巡る議論では、関係者が多い分だけ意思決定や利害調整が複雑になる。さらに、新型コロナウイルスも重なり、地域医療構想の先行きは益々、見えにくくなった。

しかし、人口減少による長期的な影響は避けられず、地域医療構想は今後も医療提供体制改革の中心に位置付けられると思われる。こうした中で、地域医療構想に関する経緯や論点、改革の方向性などを書籍として世に問えたことで、今後の議論に少しでも貢献できたのではないか、と考えている。確かに新型コロナウイルスの影響が大きかった分、２０１９年9月の「名指し」問題などは随分と昔の出来事に感じられるが、その時々の出来事や議論を総括する際にご活用頂きたい。

本書の刊行に際しては、医薬経済社の佐久間宏明さんをはじめ、皆さんにお世話になった。雑誌『医薬経済』には「現場が望む社会保障制度」というコーナーを5年以上も連載させて頂いているが、新型コロナウイルスを受けて、３月初旬に送った初稿を大幅に書き直したことで、編集部には迷惑を掛けてしまった。ここにお礼とお詫びを申し上げたい。

併せて、自由な研究活動と情報発信の機会を提供して頂いているニッセイ基礎研究所と、筆者の活動に関わって下さっている全ての方々に感謝の意を示したい。

参考文献（新聞・雑誌、政府・自治体資料を除く）

▽浅野史郎（２００６）『疾走12年　アサノ知事の改革白書』岩波書店

▽秋山正子（２０１２）『在宅ケアのはぐくむ力』医学書院

▽岩崎正洋編著（２０１１）『ガバナンス論の現在』勁草書房

▽石田道彦（２００９）「医療保険制度と契約」『季刊・社会保障研究』Vol.45 No.1

▽伊関友伸（２０１９）『人口減少・地域消滅時代の自治体病院経営改革』ぎょうせい

▽同（２０１８）「富山県朝日町の医療再生とまちづくり」『病院』２０１８年9月号

▽同（２０１７）「最近の公立病院政策の変遷と新旧公立病院改革ガイドライン」『社会保障研究』Vol.1 No.4

▽泉田信行（２０１６）「医療サービスの供給確保・地域医療構想」『社会保障研究』Vol.1 No.3

▽市川喜崇（２０１２）『日本の中央―地方関係』法律文化社

▽印南一路編著（２０１６）『再考・医療費適正化』有斐閣

▽大久保圭二（１９９８）『希望のケルン』ぎょうせい

▽倉田正一・林喜男（１９７７）『地域医療計画』篠原出版社

▽加藤智章、菊池馨実、倉田聡、前田雅子（２０１９）『社会保障法』有斐閣

▽郡司篤晃（１９９１）「地域福祉と医療計画」『季刊社会保障研究』Vol.26 No.4。

▽同監修（１９８７）『保健医療計画ハンドブック』第一法規

▽厚生省健康局総務課編（１９８７）『家庭医に関する懇談会報告書』第一法規

▽厚生省編（１９５６）『厚生白書』大蔵省印刷局

▽健康保険組合連合会（２０１２）「ＮＨＳ改革と医療供給体制に関する調査研究報告書」

▽小林篤（２０１６）「米国ヘルスケア改革本格実施後の新しいヘルスケアサービス提供システムと健康保険者」『損保ジャパン日本興亜総研レポート』Vol.69

▽酒井シヅ編著（１９９９）『疫病の時代』大修館書店

参考文献

▽国民健康保険七十年史編集委員会編（2009）『国民健康保険七十年史』国民健康保険中央会
▽佐藤主光（2007）「医療制度改革と管理競争」『会計検査研究』No.36
▽澤憲明（2012）「これからの日本の医療制度と家庭医療」『社会保険旬報』No.2489・2491・2494・2497・2500・2513
▽島崎謙治（2015）『医療政策を問いなおす』ちくま新書
▽田近栄治・佐藤主光編著（2005）『医療と介護の世代間格差』東洋経済新報社
▽堤修三（2007）『社会保障改革の立法政策的批判』社会保険研究所
▽地域差研究会（2001）『医療費の地域差』東洋経済新報社
▽立川昭二（2013）『明治医事往来』講談社学術文庫
▽戸部良一、野中郁次郎ほか（1991）『失敗の本質』中公文庫
▽西尾勝（2007）『地方分権改革』東京大学出版会
▽日経メディカル開発、東日本税理士法人編（2017）『病院再編・統合ハンドブック（第2版）』日経メディカル開発
▽野村総合研究所（2019）「地域包括ケアシステムにおける在宅医療・介護連携推進事業のあり方に関する調査研究報告書」2018年度老人保健事業推進費等補助金（老人保健健康増進等事業分）
▽速水融（2006）『日本を襲ったスペイン・インフルエンザ』藤原書店
▽羽田春兎（1987）『現代の医療』ベクトル・コア
▽舟見恭子（2016）『家庭医の現場』エイチエス
▽同（2015）『家庭医という選択』エイチエス
▽堀真奈美（2016）『政府はどこまで医療に介入すべきか』ミネルヴァ書房
▽前島優子（2016）「米国における医療の質向上と費用抑制の両立のため取り組み」財務総合政策研究所「医療・介護に関する研究会」報告書

▽松田晋哉（２０２０）『地域医療構想のデータをどう活用するか』医学書院
▽同（２０１７）『欧州医療制度改革から何を学ぶか』勁草書房
▽同（２０１５）『地域医療構想をどう策定するか』医学書院
▽村上陽一郎（１９９６）『医療』読売新聞社
▽松本由美（２０１８）「フランスとドイツにおける疾病管理・予防の取組み」『健保連海外医療保障』No.117
▽水野肇（２００８）『誰も書かなかった日本医師会』ちくま文庫
▽山口昇（１９９２）『寝たきり老人ゼロ作戦』家の光協会
▽矢田明子（２０１９）『コミュニティナース』木楽舎
▽アレキシ・ド・トクヴィル、松本礼二訳（２００５、２００８）『アメリカのデモクラシー』第1巻（上）（下）、第2巻（上）（下）岩波文庫
▽アルフレッド・クロスビー、西村秀一訳、（２００９）『史上最悪のインフルエンザ』みすず書房
▽イヴァン・イリイチ、金子嗣郎訳（１９７９）『脱病院化社会』晶文社
▽グレアム・イーストン、葛西龍樹・栗木さつき訳（２０１７）『医者は患者をこう診ている』河出書房新社
▽フリードリヒ・ハイエク、嶋津格監訳（２０１０）『哲学論集』春秋社
▽チャールズ・リンドブロム、薮野祐三・案浦明子訳（２００４）『政策形成の過程』東京大学出版会
▽Department of Health（２０１６）"General Practice Forward View"
▽Huilin Li et al.（２０１４）"Are hospitals 'keeping up with the Joneses'? "Healthcare Volume 2, Issue2
▽CECD（２０１４）「医療の質レビュー日本スタンダードの引き上げ評価と提言」
▽Scott L. Greer et.al（２０１６）"Strengthening Health System Governance"European Observatory on Health Systems and Policies Series
▽Tsuguya Fukui et al（２００５）"The Ecology of Medical Care in Japan"Japan Medical Association Journal Vol.48 No.4

参考文献

▽White K L et.al（１９６１）"The Ecology of Medical Care" The New England Journal of Medicine No.265

▽William L.Kissick（１９９４）"Medicine`s Dilemmas"Yale University Press

ニッセイ基礎研究所主任研究員
三原岳（みはら たかし）

1973年生。早大政経卒、時事通信社、シンクタンク研究員を経て、現会社に。専門は医療・介護・福祉政策。主な著書や論文は「日本の医療保険における保険料賦課の現状と課題」（2017年『社会政策』）、「介護報酬複雑化の過程と問題点」（2015年『社会政策』・共著）など。『医薬経済』に「現場が望む社会保障制度」を長期連載中。

地域医療は再生するか
コロナ禍における提供体制改革

2020年11月11日　初版発行

著　者　三原岳
発行者　藤田貴也
発行所　株式会社医薬経済社
〒103-0023
東京都中央区日本橋本町4-8-15
ネオカワイビル8階
電話番号　03-5204-9070
URL　http://www.risfax.co.jp
印　刷　モリモト印刷株式会社

ISBN コード：978-4-9029-68-65-1